sp Jardins & afins

Melhores locais e os jardins secretos

Rosangela Lyra

1ª Edição

Editora Lugares e Idéias
São Paulo
2013

vivo
O 4G está aí.
Mas com a cobertura,
a qualidade e a multiconexão
da Vivo é outra história.
Outro filme, outra música,
outro game.
4G
Internet até 10x mais rápida e c
Telefonica
A velocidade de transmissão de dados em internet móvel pode variar por vários motivos, como fenômenos naturais, deslocamento e distância da Estação Rádio Base e picos de tráfego. A velocidade de referência do 4G Plus é de até 5 Mbps para download e de até 500 Kbps para upload. Para condições de contratação do Multivivo e do 4G, preços, áreas de cobertura, disponibilidade do serviço de internet do seu plano na sua região, aparelhos e chips compatíveis, e condições de uso dos serviços acesse vivo.com.br, ou ligue *8486 do seu Vivo ou 1058 de qualquer telefone. Pessoas com necessidades especiais, ligue para 142.

Consulte condições especiais
para empresas e saiba mais em
vivo.com.br/4gplus
AFRICA
Plus
lus da Vivo.
vivo Conectados vivemos melhor.

UMA EXPERIÊNCIA ÚNICA.
Moda
CHANEL
BO.BÔ
JOHN JOHN
MARC JACOBS
RESERVA
TORY BURCH
Jóias
TIFFANY & CO.
H.STERN
CARLA AMORIM
ANTONIO BERNARDO
GUERREIRO
JACK VARTANIAN
Bolsas & Acessórios
BOTTEGA VENETA
GUCCI
LOUIS VUITTON
LONGCHAMP
AG GUERREIRO
LOOL
E MAIS 300 LOJAS.
IGUATEMISP.COM.BR

IGUATEMI
SÃO PAULO

TO/PARA
CNJ
(COMPRAS
NOS JARDINS)
AlmapBBDO
GOL
Linhas aéreas inteligentes
www.voegol.com.br

WWW.JKIGUATEMI.COM.BR
JK IG

JATEMI

NESTE GUIA, VOCÊ APROVEITA O MELHOR DE SÃO PAULO.
FALANDO INGLÊS VOCÊ APROVEITA O MELHOR DO MUNDO.
FIFA WORLD CUP Brasil
WISE UP
Inglês Inteligente
ESCOLA DE INGLÊS OFICIAL DA COPA DO MUNDO DA FIFA 2014™
WISEUP.COM

A Quinta da Baroneza é um empreendimento consolidado, com mais de 12 anos de sucesso, a 90 km de São Paulo. Aqui, sua família conta com total infraestrutura de lazer, incluindo Centro Hípico, Campo de Golfe, Clube Social completo e uma surpreendente Reserva de Mata Atlântica nativa. Um lugar de sonhos, perfeito para você e sua família realizarem os seus.
Lotes a partir de 3 mil m²
Casas de 429 a 533 m²
M&C SAATCHI F&Q
Quinta da Baroneza
Você não vai querer ir embora no domingo.

XF XJ XK
EXCESSO DE VELOCIDADE NÃO É LEGAL.
IBAMA
PROCONVE
HOMOLOGADO
JAGUAR

IBAMA
PROCONVE
HOMOLOGADO
RESPEITE OS LIMITES DE VELOCIDADE.
RANGE ROVER
eto-solar panorâmico elétrico
Carro com estrutura 100% em alumínio, até 420 kg a menos
LAND ROVER
ABOVE AND BEYOND
landrover.com.br
facebook.com/landroverbr
twitter.com/landrover_br

Consuma com estilo, não com excesso.

CHANDON
RÉSERVE
BRUT
CHANDON
RÉSERVE
BRUT
www.chandon.com.br
Produto destinado a maiores de 18 anos
Se beber não dirija.

Ligue
0800 900 901
ou consulte representante autorizado.
O SME (IDEN) é destinado a pessoas jurídicas ou a grupos de pessoas naturais
naturais, a contratação também depende de prévia comprovação de atividade específi

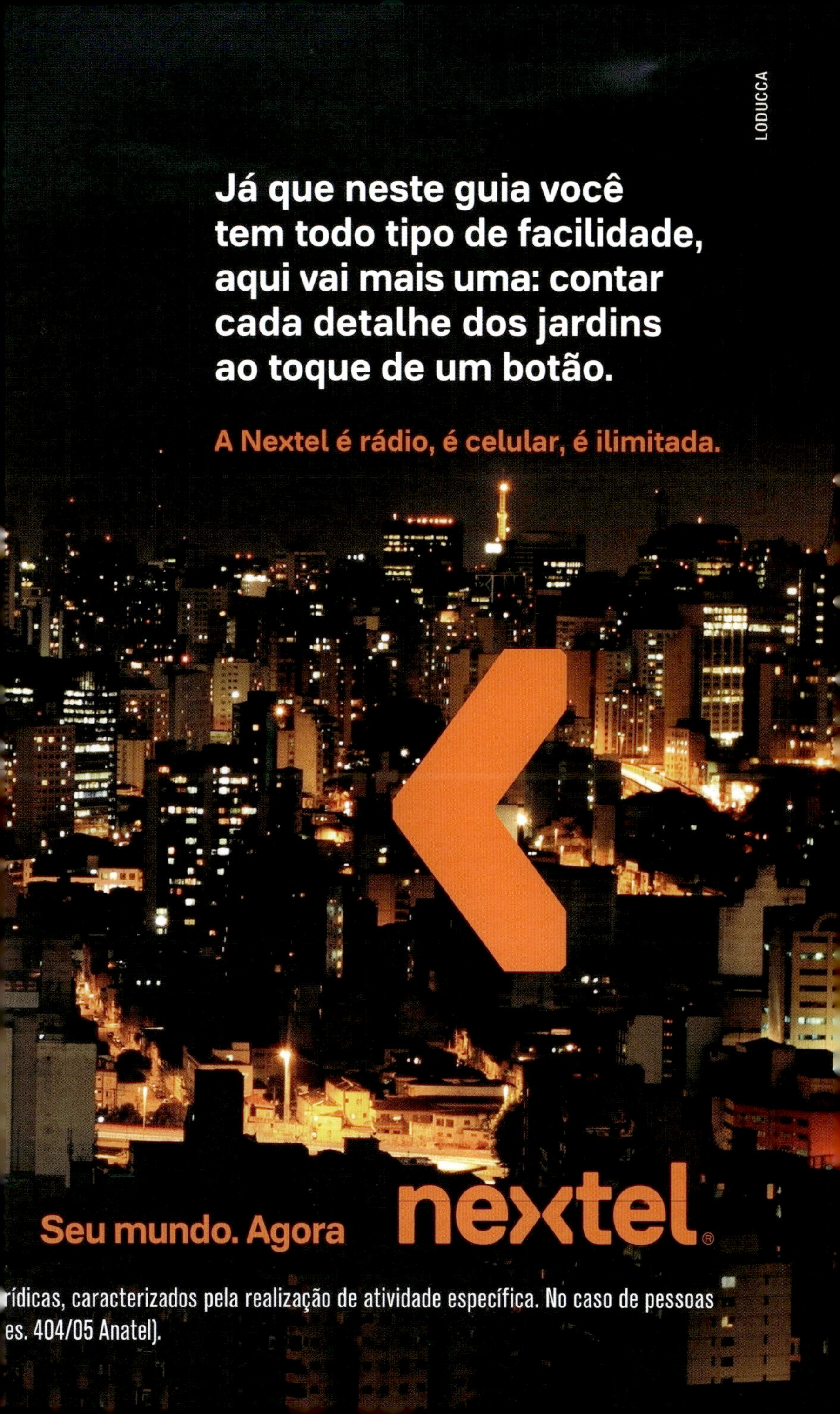
LODUCCA
Já que neste guia você
tem todo tipo de facilidade,
aqui vai mais uma: contar
cada detalhe dos jardins
ao toque de um botão.
A Nextel é rádio, é celular, é ilimitada.
Seu mundo. Agora
nextel®
rídicas, caracterizados pela realização de atividade específica. No caso de pessoas
es. 404/05 Anatel).

ALOF

ASSOC. LOJISTAS DA OSCAR FREIRE

A Associação dos Lojistas da Oscar Freire é uma entidade sem fins lucrativos **fundada em 2004**. Conquistamos a reurbanização da Rua Oscar Freire - um dos cartões postais da nossa cidade e eleita a 8ª rua mais charmosa do mundo - através do aterramento de fios elétricos, novo calçamento com acessibilidade, alargamento das calçadas e novo mobiliário urbano. Temos orgulho de fazer parte da história de São Paulo e da região mais charmosa da cidade!

Um guia de São Paulo. Bonito, informativo, clean, abrangente, contemplando o requinte que emana de São Paulo e abraçando a diversidade que a cidade exala.

Às vezes, as idéias mais simples e mais óbvias estão aí, ao alcance da mão, para serem carinhosamente colhidas.

Imaginem minha surpresa ao perceber que São Paulo - a maior cidade, a mais fascinante, a metrópole da América Latina, estrela do Hemisfério Sul, dona de esfuziante vigor econômico, de uma multicromática palheta social e de um extraordinário acervo cultural, arquitetônico e artístico - não tinha um guia à altura de sua grandeza.

O segundo desafio era: por onde começar?

Se fôssemos enumerar as infinitas atrações de São Paulo talvez nem toda a Biblioteca de Alexandria desse conta.

Resolvi capturar São Paulo pelo coração. Ali aonde vibra mais forte a palpitação cosmopolita da cidade: os Jardins.

Jardins Paulista, Paulistano, América, Europa. O epicentro dos hotéis, lojas, restaurantes, cafés, padarias, museus, galerias de arte e tudo o mais que emoldura o fascínio da sua sofisticação, incluindo os bairros da cidade que tem afinidade com essa contemporaneidade.

Daí o nome *Jardins & Afins*.

Pensei, de início, em me focar nos brasileiros e nos estrangeiros que convergem no intuito de desfrutar o universo das compras, da gastronomia, dos espetáculos, do bem-estar, da saúde, dos negócios.

Mas o guia foi se encorpando, ampliando-se, enveredando por tantos segredos não revelados que, de repente, entendi que São Paulo é inesgotável também para os que nela vivem.

Incluímos itens que os guias geralmente ignoram: o universo das crianças, o roteiro auau, uma minuciosa seção de serviços, com um diferencial: curadores especiais chancelam as indicações.

Concluída tarefa tão desafiadora, sinto que aprendi a amar ainda mais esta cidade. Convido os leitores a compartilharem comigo esta apaixonada aventura.

Rosangela Lyra

sp Jardins & afins

Oscar Freire
Rua Oscar Freire
galeria

Índice

Hotéis

Hotel Unique

O Hotel Unique é uma obra de arte urbana de Ruy Ohtake e um símbolo da cidade. Com 95 acomodações, o hotel dispõe de excelentes serviços e amenities, além do restaurante Skye, que oferece uma verdadeira experiência gastronômica.

The Unique Hotel is a urban masterpiece by Ruy Ohtake, and a symbol of the city. With 95 accommodations, the hotel offers excellent services and amenities, besides the Skye restaurant, which, in turn, offers a true gastronomic experience.

Avenida Brigadeiro Luis Antônio, 4700
3055.4700 | www.hotelunique.com

Hotel Fasano São Paulo

O projeto de Isay Weinfeld e Marcio Kogan recria o estilo dos anos 30 em releitura arrojada. O hotel abriga dois dos mais estrelados ícones da grife: o restaurante Fasano e o Baretto.

The architectural project, by Isay Weinfeld and Marcio Kogan, boldly recreates the 1930's style. The hotel is also home to two of the brand's most iconic assets: the Fasano restaurant and Baretto.

Rua Vittorio Fasano, 88
3896.4000 | www.fasano.com.br

Regent Park Hotel

Hotel charmoso na melhor localizacao de SP, entre as lojas e restaurantes mais descolados, seus quartos contam com sala, cozinha e banheiro.

Charming hotel in the best location of SP among the shops and restaurants more hipsters, their rooms come with lounge, kitchen and bathroom.

Rua Oscar Freire, 533
3065.5555 | www.regent.com.br

Etoile George V Jardins

Rua José Maria Lisboa, 1000
3775.4794
www.etoilehotels.com.br

Excelência em hospedagem aliada ao conforto traduzem todo o glamour do Etoile George V Jardins. Elegância, privacidade e segurança estão à disposição dos hóspedes.

Hotel excellence allied to comfort translate all the glamour of the Etoile George V Jardins. Elegance, privacy and security are at the disposal of their guests.

InterContinental São Paulo

Alameda Santos, 1123
3179.2600
www.icsaopaulo.com.br

Uma atmosfera bem hospitaleira, com serviços inovadores para surpreender sempre seus hóspedes.

A welcoming atmosphere, with innovative services that keep on constantly surprising their guests.

Hotel Emiliano

Alameda Santos, 1437
3146.5900
www.emiliano.com.br

O Emiliano é a tradução do conceito de hospitalidade de luxo, ambientes contemporâneos, cozinha primorosa e detalhes sofisticados.

Whether on a business or leisure trip, this fine five-star hotel offers everything for an unforgettable stay. Redesigned bedrooms and meeting rooms of excellence.

Hotel Mercure

Alameda Itu, 1151
3089.7555
www.accorhotels.com.br

A negócio ou a lazer, o hotel Mercure oferece ótimas opções de hospedagem. Localizado no coração dos Jardins, o Mercure lhe dá as boas-vindas em aproximadamente 50 países em todo mundo.

For leisure or business, Mercure hotel offers great options in hotel service. Located in the heart of Jardins, Mercure also welcomes you in approximately 50 destinations worldwide..

Quality Suites Imperial Hall

Rua da Consolação, 3555
2137.4555
www.atlanticahotels.com.br

Localizado no coração dos Jardins, próximo à rua Oscar Freire. Ideal para viagens de negócios.

Located in the heart of Jardins, near Oscar Freire street. Ideal for business trips.

Renaissance

Alameda Santos, 2233
3069.2233
www.renaissance.com.br

O Renaissance São Paulo Hotel inspira seus hóspedes a descobrirem algo novo. Com drinques e petiscos no bar e a excelente culinária contemporânea do restaurante, o Hotel oferece também o The Spa at Renaissance.

Inspire the guests to discover a brand new experience. With drinks and appetizers at the bar and an excellent contemporary culinary, the Hotel offers an relaxing Spa at Renaissance.

Tivoli

Alameda Santos, 1437
3146.5900
www.tivolihotels.com

No bairro dos Jardins a um quarteirão da Avenida Paulista o Tivoli é ideal para estadias de negócios ou de lazer.

Located at Jardins, one block from Paulista Avenue excellent hotel for business or pleasure.

Grand Hyatt

Av. das Nações Unidas, 13301
2838.1234
www.saopaulo.grand.hyatt.com.br

Hilton São Paulo Morumbi

Av. das Nações Unidas, 12901 - Itaim. 2845.0100
www.hiltonmorumbi.com.br

Sheraton

Av. das Nações Unidas, 12559
3055.8000
www.sheratonsaopaulowtc.com.br

Hotel Slaviero Executive

Alameda Campinas, 1435
3886.8500
www.slavierohoteis.com.br

Restaurantes

Almanara

O Almanara se mantém fiel ao conceito artesanal de sua cozinha, característica fundamental para a preservação da riqueza de sabores da legítima culinária árabe. A casa dispõe de atendimento rápido e eficiente.

Almanara keeps itself faithful to the artisanal concept of its cuisine, prime traits of the preservation of the wealth of flavours from the legitimate Arabian cookery. They offer quick and efficient service.

Rua Oscar Freire, 523
3085.6916 | www.almanara.com.br

Miski

Para manter a qualidade e a tradição da cozinha síria libanesa, 95% dos produtos são importados. Além dos pratos tradicionais, o Miski possui uma linha completa de congelados, tamanho normal e coquetel.

In order to maintain the quality and tradition of the Syrian Lebanese cuisine, 95% of the products are imported. Apart from the traditional dishes, Miski offers a full line of frozen food, regular size and cocktail.

Rua Joaquim Eugênio de Lima, 1690
3884.3193 | www.miski.com.br

Brasserie Victória

Av. Pres. Juscelino Kubitscheck, 545
3040.8897
www.brasserievictoria.com.br

Culinária árabe artesanal desde 1947.

Arab cuisine handmade since 1947.

Folha de Uva

Rua Bela Cintra, 1435
3062.2564
www.folhadeuva.com

Gastronomia árabe e sírio-libanesa com peculiaridades dessas culturas.

Arabian and Syrian-lebanese gastronomy, with all the peculiarities of those cultures.

Espaço Árabe

Rua Oscar freire, 168
3062.6026
www.espacoaraberestaurante.com.br

Culinária árabe tradicional.

Traditional Arabian culinary.

Manish Culinária Árabe

Avenida Horácio lafer, 491 - Itaim
4301.5928
www.manishrestaurante.com.br

Uma nova aposta de uma família tradicional na gastronomia paulistana.

A new enterprise by a traditional family in the paulistana gastronomy.

Kosushi

Referência da culinária japonesa em São Paulo. Entre suas especialidades os sushis e sashimis, assim consagrados pela sua fiel clientela composta por verdadeiros apreciadores da boa culinária japonesa.

Reference of Japanese food in São Paulo. Among the specialties are the sushis and sashimis, famous amongst the clientele, made up of true lovers of the Japanese cuisine.

Rua Viradouro, 139 - Itaim
3167.7272 | www.kosushi.com.br

Kinoshita

Rua Jacques Félix, 405 - Vila Nova Conceição. 3849.6940
www.restaurantekinoshita.com.br

Culinária que combina leveza à clássica cozinha japonesa.

Culinary that matches lightness to the classic Japanese culinary.

Osaka

Rua Amauri, 234 - Itaim
3073.0234
www.osaka.com.pe

Em um ambiente eclético na charmosa rua Amaury, um novo conceito que reúne restaurante peruano, oriental e sushi bar. Recomenda-se o tartar de salmão ao molho de maracujá.

In an eclectic environment on the charming Amaury street, a new concept which gathers Peruvian and Oriental restaurant and sushi bar. The salmon tartar with passion fruit sauce is recommended.

Nagayama

Rua Bandeira Paulista, 369 - Itaim
3079.7553
www.nagayama.com.br

No Nagayama podem ser degustadas as mais variadas iguarias da culinária japonesa. Entre os destaques o sushi com foie gras e salmão selado. Para manter a qualidade, a casa possui uma central de peixes exclusiva.

At Nayagama, the most varied delicacies from the Japanese culinary may be savored. Among them, the sushi with foie-gras and sealed salmon. In order to maintain the quality, they count on their own exclusive fish supplier.

Ayoama

Rua Padre João Manoel, 1069
3062.0885
www.restauranteayoama.com.br

Culinária japonesa que encanta os paladares mais apurados.

Japanese culinary which charms the most demanding tastes.

Benihana

Rua Amauri, 517 - Itaim
3078.2549

A especialidade da casa originada nos EUA é o teppan yaki --pescados, carnes e vegetais feitos na chapa.

Originated in the US, the house s specialty is the teppan yaki - fish, meat and vegetables on the plate made....

JAM

Rua Bela Cintra, 1929
3473-3273
www.jamwarehouse.com.br

Comida japonesa, arte e música.

Japonese food, arts & music.

Mori Sushi

Rua da Consolação, 3610
3898.2977
www.morisushi.com.br

Cozinha japonesa moderna, aliando qualidade e técnicas tradicionais.

Modern Japanese culinary, with quality and traditional techniques.

Japengo

Shopping Iguatemi
3034.4080

Culinária japonesa servida em uma esteira sobre o balcão.

Japanese culinary served on a conveyor belt over the counter.

Shintori

Alameda Campinas, 600
3283.2455
www.shintori.com.br

Com cardápio refinado, é considerado um templo da culinária japonesa.

With refined menu, is considered a temple of the Japanese culinary.

Jun Sakamoto

Rua Lisboa, 55 - Pinheiros
3088.6019

O chef Jun Sakamoto prepara sushis formidáveis no jantar de segunda a sexta-feira e no máximo para 8 pessoas.

Chef Jun Sakamoto prepares formidable sushi at dinner from Monday to Friday at maximum for 8 people.

Sushi Bar Empório Santa Maria

Avenida Cidade Jardim, 790
3706.5211
www.emporiosantamaria.com.br

Referência da culinária japonesa em São Paulo.

Reference of the Japanese culinary in Sao Paulo.

Koji Sushi

Rua Roberto Gomes Pedrosa, 1 - Vila Sônia
3624-7710

Restaurante japonês localizado na área multiuso do estádio do Morumbi.

Japanese restaurant located on the multi-purpose area at the Morumbi stadium.

Sushiguen

Avenida Brigadeiro Luis Antônio, 2367 - Bela Vista
3289.5586

Tradição da culinária japonesa há mais de 40 anos.

Over 40 years of Japanese culinary tradition.

Fasano

Localizado no piso térreo do Hotel Fasano, o restaurante é uma referência de qualidade, sempre com o compromisso de harmonizar as novidades do paladar com os fundamentos da tradição italiana.

Located on the ground floor of the Fasano Hotel, the restaurant is reference in quality, always committed to harmonizing the novelties from the kitchen with the fundaments of the Italian tradition.

Rua Vittorio Fasano, 88
3062.4000 | www.fasano.com.br

Gero

Culinária premiada pelas mais importantes publicações gastronômicas, prima pelos ingredientes e pratos clássicos da culinária italiana, excelente ambiente e frequência. Pratos recomendados: spaghetti al vongole e o carpaccio.

Culinary awarded by the most important gastronomic publications, prizes classic ingredients and dishes from the Italian cuisine, with excellent ambiance and regulars. Recommended dishes: spaghetti al vongole and the carpaccio.

Rua Haddock Lobo, 1629
3064.0005 | www.fasano.com.br

Forneria San Paolo

O concorrido e arrojado restaurante conta com uma extensa seleção de sanduíches à moda italiana, além de pizzas, massas, saladas, carpaccios, carnes e deliciosas sobremesas.

The bold and busy restaurant headed counts on an extensive selection of Italian styled sandwiches, besides pizzas, pastas, salads, carpaccios, meats and delicious desserts.

Rua Amauri, 319
3078.0099 | www.forneria.com.br

Due Cuochi Cucina

DUE CUOCHI
CUCINA

Rua Manoel Guedes, 93 - Itaim
Shopping Cidade Jardim
3078.8092
www.duecuochi.com.br

O Due Cuochi Cucina apresenta um cardápio com porções fartas que contempla a gastronomia italiana contemporânea com alguns clássicos dessa cozinha e algumas releituras de receitas de diversas regiões da Itália.

Due Cuochi Cucina presents a menu with plentiful servings which grant the Italian contemporary cuisine with some of its own classics and some reinterpretations of recipes from several Italian regions.

Italy

Rua Oscar Freire, 450
3167.7489 / 3168.0833
www.italyrestaurante.com.br

Gastronomia italiana despretensiosa e acessível. Massas frescas, um carrinho volante de antepastos e ambiente descontraído fazem o sucesso do local. A casa possui uma adega com capacidade para 400 garrafas de vinho.

Unpretentious and accessible Italian gastronomy. Fresh pastas, a trolley with appetizers and a friendly ambiance make the place a success. The venue also counts on a cellar which can hold up to 400 wine bottles.

Girarrosto

Avenida Cidade Jardim, 60
3062.6000
www.girarrosto.com.br

O Girarrosto possui um cardápio variado que inclui massas frescas, risotos, carnes assadas e peixes. O balcão de pães e frios na entrada fazem a diferença dos restaurantes tradicionais.

Girarrosto counts on a varied menu with fresh pastas, risottos, cooked meats and fish. The bread and cold cuts counter at the entrance makes it stand out from other traditional restaurants.

Kaa

Avenida Juscelino Kubtscheck, 279 - Vila Olímpia
3045.0043
www.kaarestaurante.com.br

Inspirado na gastronomia franco-italiana combinada com ingredientes brasileiros, o cardápio tem um toque contemporâneo. Ambiente iluminado por uma parede vertical verde, coberta de plantas oriundas da Mata Atlântica.

Inspired by the French-Italian gastronomy with Brazilian ingredients, the menu has a contemporary touch. The environment is adorned by a vertical green wall, covered with vegetation from the Atlantic Forest.

Parigi

Rua Amauri, 275 - Itaim
3167.1575
www.fasano.com.br

Desde 1998, estabeleceu-se como o power lunch da cidade, atraindo uma clientela fiel e exigente. O Parigi traz em seu cardápio pratos tradicionais das culinárias italiana e francesa, com assinatura da família Fasano.

Since 1998, has established itself as the city's power lunch, gathering a faithful and demanding clientele. Parigi offers a menu with traditional dishes from the Italian and French cuisine, with the signature of the Fasano family.

Ravioli Cucina Casalinga

Rua Joaquim Antunes, 197
3082.3383
www.emporioravioli.com.br

Inspirado na comida italiana que se come em casa e suas lembranças.

Inspired by the home made Italian cooking and the recollections it brings.

Pomodori

Rua Dr. Renato Paes de Barros, 534 - Itaim
3168.3123
www.pomodori.com.br

O restaurante Pomodori é reconhecido pela produção artesanal de massas e atendimento de primeira linha. A casa conta com 64 lugares em um ambiente acolhedor, inspirado nos mais prestigiados restaurantes da Itália.

Pomodori restaurant is renowned for the handmade production of pastas and top shelf service. The venue can sit 64 people in a welcoming environment, inspired by the most prestigious Italian restaurants.

Serafina

Alameda Lorena, 1705
3081.3702

Ambiente bem decorado e agitado, com algumas mesas ao ar livre, é excelente para reunir amigos. Entre os pratos mais atraentes estão o risoto de camarão e abobrinha e o espaguete de frutos do mar.

Busy and well-decorated ambiance, with some open-air tables, excellent for gathering friends. Among the most attractive dishes are the shrimp and zucchini risotto and the seafood spaghetti.

Tre Bicchieri

R. General Mena Barreto, 765 - Itaim
3885.4004
Shopping Iguatemi JK
3167.4004
www.ttrebicchieri.com.br

O Tre Bicchieri investe em ingredientes frescos, massas artesanais e uma seleção de premiados vinhos toscanos.

Tre Bicchieri invests on fresh ingredients, artisanal pastas and a selection of awarded Tuscan wines.

Vinarium Vino & Cucina

Alameda Lorena, 1214
3062.0597
www.vinariumrestaurante.com.br

O Vinarium vino & cucina disponibiliza pratos da cozinha italiana contemporânea e surpreende tanto nas carnes, peixes e sobremesas como nas massas.

Vinarium vino & cucina offers dishes from the contemporary Italian cuisine and is a glad surprise not only in meats, fish and dessert, but in pastas as well.

Vecchio Torino

Rua Tavares Cabral, 119 - Pinheiros
3816.0592

Sob o comando de Giuseppe La Rosa, o menu oferece uma variedade de massas, carnes, crustáceos e risotos e deliciosas sobremesas preparadas com requinte. Entre as especialidades está o premiado Gnocchi alla Piemontese.

Under the supervision of Giuseppe La Rosa, the menu offers a variety of pastas, meats, seafood and risottos, and delicious dessert prepared with refinement. Among the specialties is the awarded Gnocchi alla Piemontese.

Attimo

Rua Diogo Jácome, 341 - Vila Nova Conceição. 5054.9999
www.attimorestaurante.com.br

Mistura a cultura italiana com culinária típica do interior paulista.

Mixes the Italian culture to the typical culinary from the Sao Paulo countryside.

Biondi

R. Pedroso Alvarenga, 1026 - Itaim
3078.5273 ou 3078.5277
www.biondirestaurante.com.br

Cozinha italiana, com requinte na apresentação dos pratos e serviço atencioso.

Italian cuisine, with careful presentation and attentive service.

Brown Sugar

Rua Padre João Manoel, 1055
3063.4249
www.brownsugar.com.br

Menu baseado em clássicos da culinária italiana.

Menu based on the classic Italian culinary.

La Pasta Gialla

Alameda Lorena, 1285
3061.3055
www.lapastagialla.com.br

A cantina chique do famoso chef Sergio Arno.

Famous chef Sergio Arno's chic canteen.

Cantina do Piero

Rua Haddock Lobo, 728
3062.9635
www.cantinadopieroilvero.com.br

Desfrute de todo o sabor italiano.

Enjoy the full Italian flavor.

La Tambouille

Avenida 9 de Julho, 5925 - Itaim
3079.6277
www.tambouille.com.br

Ícone da culinária paulistana em uma linha franco-italiana sofisticada.

Icon of the Paulistana culinary, follows a sophisticated Franco-Italian line.

Jardim Di Napoli

Rua Dr. Martinico Prado, 463 - Higeinópolis. 3666.3022
www.jardimdenapoli.com.br

A típica cantina italiana, desde 1949.

The typical Italian canteen, since 1949.

Lellis Tratoria

Rua Bela Cintra, 1849
3064.2727
www.lellis.com.br

Cardápio de massas com molhos fartos, oferecidos em grandes porções.

Menu with large servings of pasta and plentiful sauce.

L'Osteria do Piero

Alameda Franca, 1509
3085.1082
www.losteriadopiero.com.br

Tradição em cozinha italiana desde 1982, com um extenso cardápio típico.

Tradition in Italian cuisine since 1982, with extensive typical menu.

Mozza

Rua Oscar Freire, 439
3063.5820

Muita mozzarella, excelentes pizzetas e drinques.

Lots of mozzarella, excellent pizzetas and drinks.

Nono Ruggero

Shopping Cidade Jardim
3552.7003

Clássica trattoria italiana com assinatura da família Fasano.

Classic Italian trattoria, signed by the Fasano family.

Santovino

Alameda Lorena, 1821
3061.9787
www.santovinoristorant.com.br

Perfeito para se apreciar tradicionais sabores italianos.

Perfect for tasting the traditional Italian flavors.

Osteria del Pettirosso

Alameda Lorena, 2155
3062.5338
www.pettirosso.com.br

Receitas clássicas da culinária italiana, com predominância em massas.

Classic recipes from the Italian culinary, with the prevailance of pastas.

Tappo Tratoria

Rua da Consolação, 2967
3063.4864
www.tappo.com.br

Receitas clássicas italianas.

Classic Italian recipes.

Pecorino Bar e Trattoria

Alameda Joaquim E. de Lima , 1509
2339.2887
www.pecorino.com.br

Uma versão mais moderna das cantinas paulistanas.

A modern version of the paulistana canteen.

Trinitá

Av. Presidente Juscelino Kubtschek, 1444 - Itaim. 3074.9898
www.trinitagastronomia.com.br

Restaurante italiano e pizzaria com fabricação própria.

Italian restaurant and pizzeria, with production of their own.

Piselli

Rua Padre João Manoel, 1253
3081.6043
www.piselli.com.br

Alta gastronomia italiana em um ambiente para se sentir em casa.

High Italian gastronomy with a homey feeling.

RODEIO
desde 1958

Rodeio

A churrascaria Rodeio tem a natural vocação das muitas variações em torno da carne. Entre elas, a campeã de audiência, invenção da casa: a picanha fatiada, acompanhada pelo arroz biro-biro e o palmito pupunha.

The Rodeio Churrascaria has got the natural calling of the many variations around meat. Among them, the all-time champion, devised by the owners: the sliced rump cover steak, with a side dish of biro-biro rice and pupunha palm.

Rua Haddock Lobo, 1498
3474.1333 | www.rodeiosp.com.br

Varanda Grill

Rua General Mena Barreto, 793
3887.8870
www.varandagrill.com.br

Conhecido como um excelente steak house no Brasil, o Varanda vem desde o começo de sua história trabalhando para oferecer sempre o melhor em carnes.

Renowned as an excellent Brazilian steak house, Varanda has been, ever since its opening, working towards offering only the best in meats.

Casa Nero

Alameda Lorena, 2101 - Jardins
3062.8743
www.casanero.com.br

Os melhores cortes de carnes uruguaias e argentinas feitos na grelha e carvão.

The best cuts of Uruguayan and Argentinian beef, grilled over charcoal.

Dinho's

Alameda Santos, 45 - Paraíso
3016.5333
www.dinhos.com.br

O ponto máximo da carne.

The epitome of beef.

Baby Beef Rubayat

Alameda Santos, 86 - Paraíso
3170.5100
www.rubaiyat.com.br

Cortes de qualidade excepcional e sempre assados no ponto solicitado.

Courts of exceptional quality and always baked at the point requested.

La Arena Parrila

Alameda Ministro R. de Azevedo, 263
3266.3388
www.laarena.com.br

O nobre sabor da carne argentina.

The noble taste of the Argentinian beef.

Barbacoa

Rua Dr. Renato P. de Barros, 65 - Itaim
3168.5522. Barbacoa.com.br

Muito além da carne, muito além do prazer de comer bem.

Beyond the meat, beyond the pleasure of a good meal.

La Caballeriza

Alameda Campinas, 530
3541.2220
www.lacaballeriza.com.br

Restaurante argentino, bar e churrascaria.

Argentinian restaurant, bar and "churrascaria".

Meats

Rua dos Pinheiros, 320 - Pinheiros
2679-6323
www.restaurantemeats.com.br

Excelentes e suculentos hambúrgueres servidos ao ponto da casa.

Excellent and succulent burgers served to the point of the house.

Pobre Juan

Shopping Cidade Jardim
3552.3150
www.pobrejuan.com.br

Cortes de carnes selecionados e de alta qualidade.

High quality selected meat cuts.

Parrilla São José

Alameda Jaú, 1791
3567.1792
www.parrilasaojose.com.br

Referência na generosidade de seus pratos e qualidade de suas carnes.

Reference in the generosity of their dishes and quality of their beef.

348 Parrilla Porteña

Rua Comendador Miguel Calfat, 348 - Vila Olímpia
3849.0348

Boa comida da argentina.

Excellent meat.

Bistrô Charlo

Rua Barão de Capanema, 440
3087.4444
www.charlo.com.br

Comida gostosa e serviço excelente. Cozinha com influência cosmopolita e inspiração francesa. Recomenda-se Tagliatelle com Molho de Camarão e o Peixe do Dia com Molho "Bonne-femme"e Cereais.

Tasty food and excellent service. Cosmopolitan cuisine with French inspiration. A good suggestion is the Tagliatelle with Shrimp Sauce and the Fish of the Day with "Bonne-femme" Sauce and Cereals.

Le Vin Bistro

Alameda Tietê, 184
3081.3924
www.levin.com.br

O Le Vin Bistro é considerado um dos melhores restaurantes franceses da cidade. Pioneiro em alta gastronomia faz você se sentir em um pedacinho da França, a cada vez que o visita.

Le Vin Bistro is considered one of the best French restaurants in the city. It is a pioneer in fine gastronomy, makes you feel as if in France, every time you come back.

Paris 6

Rua Haddock Lobo, 1240
3085.1595
www.paris6.com.br

Um bistrô parisiense em plena São Paulo. Cozinha cotidiana francesa despretenciosa, decoração acolhedora, o lugar ideal para trazer os amigos e a família. Aberto 24 horas.

A Parisian bistro right in the heart of Sao Paulo. Unpretentious everyday French cuisine, welcoming decor, the ideal place for bringing friends or family together. Open around the clock.

Brie Restô

Rua Doutor Melo Alves, 216
3081.4690
www.brieresto.com.br

Ícone da culinária francesa.

Icon of the French cuisine.

Freddy

Rua Pedroso Alvarenga, 1170 - Itaim
3167.0977
www.restaurantefreddy.com.br

Cardápio com receitas das mais remotas regiões francesas.

Menu with recipes from the most remote French regions.

Amorim Chéri

Rua Augusta, 2321
3061.3283
www.amorimcheri.com.br

Um bistrô com pâtisserie.

A bistro with a pâtisserie.

L'Entrecôte de Paris

Rua Pedroso Alvarenga, 1135 - Itaim
3078.6942
www.lentrecotedeparis.com.br

Experiência inesquecível e obrigatória para os amantes da boa carne.

Mandatory and unforgettable experience for the meat lovers.

Bistrô de Paris

Rua Augusta, 2542
3063.1675
www.bistrodeparis.com.br

Culinária francesa tradicional a preços ótimos.

Traditional French cooking at great pricing.

L'Entrecôte d'Olivier

Rua Mário Ferraz, 17
3034.5324
www.bistroentrecote.com.br

Menu com um só prato principal, cuja receita é secreta.

Menu with a single main dish, whose recipe is a secret.

La Paillote

Rua Doutor Melo Alves, 769
5063.3737
www.lapaillote.com.br

Cozinha francesa com especialidade no camarão à provençal.

French cooking with specialty in Provençal shrimp.

Rive Gauche Cuisine

Shopping Cidade Jardim
3758.2616

Tradicional culinária francesa.

Traditional French cuisine.

Le Chef Rouge

Rua Bela Cintra, 2238
3081.7539
www.chefrouge.com

Bistrô charmoso que serve pratos tradicionais da culinária francesa.

Charming bistro which serves traditional French dishes.

Ruella Caffé Bistrô

Rua Vupabussu, 199 - Pinheiros
3842.7177
www.ruella.com.br

Sabores, aromas e um canto da Provence francesa.

Flavors, aromas and a piece of the French Provence.

Le Jazz

Rua Doutor Melo Alves, 734
3062.9797
www.lejazz.com.br

Restaurante francês sofisticado com um cardápio reduzido.

Sophisticated French restaurant with streamlined menu.

Tartar & Co.

Avenida Pedroso de Moraes, 1003 - Pinheiros
3031.1020

Pratos ousados que vão muito além do tartare com fritas.

Daring dishes that go beyond the tartare with fries.

Marcel

Rua da Consolação, 3555
3064.3089
www.marcelrestaurante.com.br

Gastronomia francesa com a variedade da culinária brasileira.

French gastronomy with the variety of the Brazilian culinary.

dressing

Dressing

O cuidado na elaboração dos menus com ingredientes selecionados e o a ambiente aconchegante fizeram com que o restaurante tivesse o reconhecimento de seus clientes e da crítica especializada.

The care in the making of the menus with selected ingredients and the cozy atmosphere made the restaurant famous, not only among its clientele, but also among the specialized critics.

Rua Amauri, 337
3167.5347 | www.forneria.com.br

Alucci Alucci

Rua Vitório Fasano, 35
3086.1252
www.alucci.com.br

Um mix de bar, música e restaurante. Combinação que resulta em um ambiente cheio de bom gosto, ideal para encontrar ótimas surpresas no cardápio, nas opções de drinks e nas músicas.

A mix of bar, music and restaurant. A combination which makes up a place filled with good taste, ideal for discovering great surprises in the menu, in the variety of drinks and in the music.

Maní

Rua Joaquim Antunes, 210
3085.4148
www.manimanioca.com.br

Em um ambiente aconchegante e intimista, sob o comando da chef Helena Rizzo, o Maní oferece em seu menu diversas opções. Entre os pratos principais destaca-se o arroz de lagostins e a moqueca de peixe.

At an intimate and cozy environment, under the supervision of chef Helena Rizzo, Maní offers several options in its menu. Among the main dishes, the lobster rice and fish stew.

D.O.M.

Rua Barão de Capanema, 549
3088.0761
www.domrestaurante.com.br

Sempre fiel à filosofia de ser brasileiro, o D.O.M. é considerado um dos melhores restaurantes do mundo. Entre as receitas, peixe tostado ao molho de limão temperado com mel de abelha e purê de batatas.

Always faithful to the philosophy of being Brazilian, D.O.M. is considred one of the best restaurants in the world. Among the recipes, toasted fish with lemon sauce, seasoned with honey and mashed potatoes.

Mercearia do Conde

Rua Joaquim Antunes, 217
3081.7204
www.merceariadoconde.com.br

Os pratos exibem especiarias com receitas extravagantes e surpreendentes ao paladar. Saudáveis e coloridos servidos em um ambiente artesanal com penduricalhos a venda que caracterizam o restaurante.

The plates exhibit spices with recipes extravagant and surprising to the palate. Healthy and served in a colorful environment with handmade decorative objects on sale.

P.J. Clarke´s

Rua Oscar Freire, 497
2579.2765
www.pjclarkes.com.br

Referência mundial em cozinha americana, o P.J. Clarke's foi fundado em Nova Iorque em 1884, na Terceira Avenida. O segundo restaurante do grupo no Brasil foi inaugurado na Rua Oscar Freire em dezembro de 2012.

Worldly renowned in American kitchens, P.J. Clarke's was founded in New York on Third Avenue, in 1884. The second restaurant in Brazil belonging to the group was opened on Oscar Freire, in December, 2002.

Spot

Al. Ministro Rocha de Azavedo, 72
3284.6131
www.restaurantespot.com.br

Desde 1994, o Spot apresenta delícias da cozinha contemporânea em um ambiente descontraído. Frequentado por um público moderno e variado, o Spot reflete a agitação cultural e fashion da cidade.

Since 1994, Spot has introduced the delights of the contemporary cuisine in a friendly environment. Regulars are made out of a modern and varied clientele, making Spot a reflection of the cultural and fashion bustle of the town.

Amsterdam Bistrô Cafe

Rua Dr. Melo Alves, 506
3061.1676

Lindo bistrô com todo o charme da Europa nos Jardins.

Beautiful bistro with an European charm in the heart of Jardins.

Cantaloup

Rua Manoel Guedes, 474 - Itaim
3078.3445 ou 3078.9884
www.cantaloup.com.br

Cozinha contemporânea com sabores dos quatro cantos do mundo.

Contemporary cuisine with flavors from the four corners of the world.

Carlota

Rua Sergipe, 753 - Higienópolis
3661.8670
www.carlota.com.br

Tradição na cozinha multicultural, desde 1995. Comandado pela competente chef Carla Pernambuco.

Tradition in multicultural cooking, since 1995. Famous chef Carla Pernambuco.

O melhor da GASTRONOMIA da cidade está aqui.

ADEGA SANTIAGO
Cozinha ibérica
4º Piso

RIVE GAUCHE
Cozinha franco-italiana
3º Piso

SOTTOVENTO
Cozinha italiana e pizzaria
3º Piso

KOSUSHI
Cozinha japonesa
4º Piso

E MAIS: POBRE JUAN | CAFÉ DASLU | EMPÓRIO CENTRAL | LANCHONETE DA CIDADE | CHOCOLAT DU JOUR | THE GOURMET TEA | FIT FOOD | TOSTEX | ILLY | KOPENHAGEN | CASA DO PÃO DE QUEIJO | BAKED POTATO BOUTIQUE | FORMIGA

SIGA-NOS:

Av. Magalhães de Castro, 12.000, entre as pontes Cidade Jardim e Morumbi | Tel.: +55 11 3552-1000

Conheça nossos restaurantes.

NONNO RUGGERO
Cozinha italiana
Térreo

DUE CUOCHI
Cozinha italiana
3º Piso

SANTO GRÃO
Café e cozinha contemporânea
Térreo

EXPAND
Bar de vinho
Térreo

PATI PIVA | LE PAIN QUOTIDIEN | DI CAPRI CAFFÈ BISTRÔ | MIL FRUTAS
O MELHOR BOLO DE CHOCOLATE DO MUNDO | DILETTO | ESPAÇO ÁRABE |

CIDADEJARDIMSHOPPING.COM.BR

SHOPPING CIDADE JARDIM

Skye

Reconhecido como um dos principais restaurantes de São Paulo, o Skye é uma das maiores referências da gastronomia da capital. Além de sua cozinha, o deck encanta a todos com sua vista privilegiada.

Renowned as one of the main restaurants in Sao Paulo, Skye is one of the greatest references in gastronomy in the capital. Besides its cousine, the rooftop deck impresses everyone with its privileged cityscape.

Avenida Brigadeiro Luis Antonio, 4700
3055.4700 | www.hotelunique.com

Ritz

Alameda Franca, 1.088
3062.5830
www.restauranteritz.com.br

As cozinhas de várias partes do mundo estão no menu variado do Ritz, inaugurado em 1981, como os hambúrgueres feitos no próprio restaurante, servidos em várias versões.

The culinary from many countries meet in the comprehensive Ritz's menu. Opened in 1981, with hamburgers made in-house and served in several versions.

Ecco

Rua Amauri, 244
3079.2299
www.eccorestaurante.com.br

Pratos tradicionais e light, servidos com muito charme e agilidade.

Light and traditional dishes served with charm and agility.

Emiliano

Rua Oscar Freire, 384
3068.4390
www.emiliano.com.br

Culinária contemporânea, com frutos do mar, caças, aves e massas.

Contemporary cuisine, with seafood, game, poultry and pasta.

Arturito

Rua Artur de Azevedo, 542 - Pinheiros
3063.4951
www.arturito.com.br

Cozinha variada, saborosa e surpreendente.

Delicious, varied and surprising cooking.

Épice

Rua Haddock Lobo, 1002
3062.0866
www.epicerestaurante.com.br

Cardápio variado com opções de carnes, aves e peixes.

Comprehensive menu with beef, poultry and fish.

Chou

Rua Mateus Grou, 345 - Pinheiros
3083.6998
www.chou.com.br

Comida variada em um ambiente charmoso e aconchegante.

Varied food at a charming and cozy setting.

Figueira Rubayat

Rua Haddock Lobo, 1738 -
3087.1399
www.rubaiyat.com.br

Cortes exclusivos provenientes do rebanho da Fazenda Rubaiyat.

Exclusive cuts from the Rubaiyat cattle farm.

Galeto's

Alameda Santos, 2209
3342.5307
www.galetos.com.br

Desde 1971 oferecendo o famoso frango assado crocante.

Since 1971, offering the famous crunchy baked chicken.

Mimo

Rua Caconde, 118
3052.2517
mimorestaurante.wordpress.com

Comida contemporânea e um cardápio minimalista, receitas elaboradas com ingredientes inusitados.

Contemporary food and a minimalist menu, elaborate recipes with unusual ingredients.

Jacarandá

Rua Alves Guimarães, 153 - Pinheiros
3083.3003

Restaurante contemporâneo projetado ao redor de um jacarandá.

Contemporary restaurant, built around a Jacarandá tree.

Obá

R. Doutor Melo Alves, 205
3086.4774
www.obarestaurante.com.br

Obá. Comida caseira dos quatro cantos do mundo.

Obá. Home made food from the four corners of the world.

Maracujá

Alameda Lorena, 884
3061.0699
www.restaurantemaracuja.com.br

Menu variado, desde saladas e grelhados até massas e risotos.

Comprehensive menu, from salad and grilled meats to pastas and risottos.

O Pote

R. Joaquim Antunes, 224 - Pinheiros
3068.9888
www.opotedorei.com

Cozinha mediterrânea em diferentes combinações, com toque contemporâneo.

Mediterranean cuisine in different combinations, with a contemporary twist.

Marakuthai

Alameda Itu, 1618
3062.7556
www.marakuthai.com.br

Cozinha contemporânea com influência asiática.

Contemporary cuisine with Asian influence.

Ramona

Avenida São Luis, 282 - República
3258.6385
www.casaramona.com.br

Restaurante de rock e gastronomia contemporânea.

Rock restaurant and contemporary gastronomy.

Rex

Rua da Consolação, 3193
9393.5530
www.restauranterex.com.br

O restaurante reúne arte e gastronomia contemporânea, ao som de música lounge.

The restaurant gathers contemporary art and gastronomy, with lounge soundtrack.

Zucco

Rua Haddock Lobo, 1416
3897.0666
www.zuccorestaurante.com.br

Cozinha contemporânea que oferece menu executivo no almoço e menu à la carte no jantar.

Contemporary cuisine which offers executive menu at lunch and à la carte for dinner.

Tatou

Rua Oscar Freire, 733
3081.5131
www.tatou.com.br

Comida variada, excelente chá da tarde e breakfast nos finais de semana.

Assorted food, excellent tea and breakfast on weekends.

Banana Verde

Rua Harmonia, 278 - Vila Madalena
3814.4828
www.bananaverde.com.br

Risotos, massas e forno a lenha regados a bons vinhos num ambiente aconchegante.

Risottos, pasta and wood oven in harmony with wines in a cozy environment.

Goa-Vegetariano

R. Cônego E. Leite, 1152 - Pinheiros
3031.0680
www.goavegetariano.com.br

Restaurante ovolactovegetariano com opções veganas.

Ovolactovegetarian restaurant with vegan options.

Cheiro Verde

Rua Peixoto Gomide, 1078
3289.6853 / 3262.2640
www.cheiroverderestaurante.com.br

Eleito três vezes o melhor restaurante vegetariano de São Paulo.

Elected three times the best vegetarian restaurant in São Paulo.

Insalata

Alameda Campinas, 1478
3891.0740
www.insalata.com.br

Deliciosas saladas e variadas refeições.

Delicious salad and assorted meals.

Brasil a Gosto

Rua Professor Azevedo Amaral, 70
3086.3565
www.brasilagosto.com.br

Localizado em uma tranquila rua dos Jardins, o restaurante Brasil a Gosto integra o projeto de pesquisa e difusão da cultura e da gastronomia brasileiras, da chef Ana Luiza Trajano.

Locate on a calm street in Jardins, the Brasil a Gosto restaurant is part of the research project for the Brazilian cultural and gastronomic diffusion, from chef Ana Luiza Trajano.

Dalva e Dito

Rua Padre João Manoel, 1115
3068.4444
www.dalvaedito.com.br

O restaurante Dalva e Dito, do chef Alex Atala, evoca uma cozinha brasileira afetiva servida em um cenário que mescla o rústico e o moderno. Aos sábados a partir da meia noite, a tradicional galinhada com música ao vivo.

Chef Alex Atala's Dalva e Dito restaurant evokes a loving Brazilian cuisine served in an environment which mixes the rustic and the modern. On Saturdays, there is the traditional "galinhada" with live music.

Capim Santo

Al. Ministro Rocha de Azevedo, 471
3089.9500
www.capimsanto.com.br

A casa reflete sua visão de brasilidade. As mesas estão entre um delicioso jardim, com pitangueiras, jabuticabeiras, coqueiros e bananeiras.

The venue offers its own view of Brazilianness. The tables are set in a delightful garden, with Surinam cherry trees, jabuticabas, coconut and banana trees.

Bargaço

Rua Oscar freire, 1189
3085.5058
www.restaurantebargaco.com.br

Comida baiana e frutos do mar.

Typical food from Bahia and seafood.

Coco Bambu JK

Av. Antonio J. de M. Andrade, 737 - Itaim. 3051.5255
www.restaurantecocobambu.com.br

Presença intensa e deliciosa da culinária cearense.

The intense and delightful presence of the cooking from Ceará.

Colher de Pau

Rua Mario Ferraz, 563 - Itaim
3079.3087
www.colherdepau.com.br

Maravilhosa culinária cearense, com seus ricos temperos, cores e sabores.

The wealth of seasonings, colors and flavors from the wonderful culinary from Ceará.

Mocotó Restaurante e Cachaçaria

R. Ns. Do Loreto, 1100 - Vila Medeiros
2951.3056
www.mocoto.com.br

Cachaçaria e cozinha típica regional sertaneja.

"Cachaçaria" and typical regional country cooking.

Na Cozinha

Rua Haddock, 955
3063.5377
www.nacozinharestaurante.com.br

Menu composto por pratos regionais da culinária brasileira.

Menu made of regional dishes from the Brazilian culinary.

A Bela Sintra

Rua Bela Cintra, 2325
3891.0740
www.abelasintra.com.br

Culinária internacional, com enfoque na gastronomia portuguesa.

International cuisine, with emphasis on Portuguese gastronomy.

Tavares

Rua da Consolação, 3212
3062.6026
www.casatavares.com

Um novo conceito de restaurante, café e empório.

A new concept in restaurants, cafés and emporiums.

Tordesilhas

Alameda Tiete, 489
3107.7444
www.tordesilhas.com

Comida brasileira em um ambiente despretencioso.

Brazilian food in an unpretentious setting.

Trindade

Rua Amauri, 328
3079.4861

Cozinha portuguesa de alta qualidade.

High quality Portuguese kitchen.

Tasca da Esquina

Alameda Itu, 225
3262.0033
www.tascadaesquina.com

Culinária variada com um toque contemporâneo.

Comprehensive culinary, with a contemporary touch.

Adega Santiago

Rua Sampaio Vidal, 1072
3758.4446
www.adegasantiago.com.br

A Adega traz um ótimo cardápio com receitas da Espanha e de Portugal.

Adega brings a great menu with recipes from Spain and Portugal.

Amadeus

Rua Haddock Lobo, 807
3061.2859 ou 3088.1792
www.restauranteamadeus.com.br

Harmonia entre a força do mar e a delicadeza de seus sabores.

The harmony of the power of the ocean and its delicate flavors.

Arola Vintetres

Alameda Santos, 1437
3146.5923
www.arolaventetres.com.br

Restaurante oferece o conceito de “Tapas Gourmet”.

Restaurant offers the eating concept of “Gourmet Tapas”.

Clos de Tapas

Rua Domingos Fernandes, 548 - Vila Nova Conceição
3045.2154

Tapas espanholas preparadas com ingredientes brasileiros.

Spanish tapas prepared with Brazilian ingredients.

Don Curro

R. Alves Guimarães, 230 - Pinheiros
3062.4712
www.restaurantedoncurro.com.br

Restaurante espanhol com excelência em frutos do mar.

Spanish restaurant with excellence in seafood.

Goshala

Rua dos Pinheiros, 267 - Pinheiros
3063.0367
www.goshala.com.br

Cozinha natural contemporânea, com uma filosofia indiana.

Natural contemporary cuisine, with Indian philosophy.

La Mar

Rua Tabapuã, 1410 - Itaim
3073.1213
www.lamarcebicheria.com

Gastronomia peruana em um ambiente agradável, com atendimento excelente.

Peruvian gastronomy in an inviting ambiance, with excellent service.

Myk

Rua Peixoto Gomide, 1972
2548.5391

Cozinha grega e mediterrânea.

Greek and Mediterranean cooking.

Porto Rubayat

Rua Amauri, 225 - Itaim
3077.1111
www.restauranteporto.com.br

O Porto reúne receitas clássicas do Mediterrâneo.

O Porto gathers classic Mediterranean recipes.

Sallvattore

Rua Salvador Cardoso, 131 - Itaim
3078.8686
www.sallvattore.com.br

Cozinha mediterrânea com caráter italiano.

Mediterranean cooking with Italian character.

Rufino's

Rua Dr. Mário Ferraz, 377 - Itaim
3074.8800
www.rufinositaim.com.br

Restaurante com especialidade em pescados e frutos do mar.

Restaurant specialized in fish and seafood.

Torero Valese

Rua Horácio Lafer, 638 - Itaim
3168.7917
www.torerovalese.com.br

Restaurante e Bar especializado em culinária mediterrânea espanhola.

Restaurant and bar specialized in Spanish Mediterranean cuisine.

América

Al. Santos, 957
3178.4424
www.restauranteamerica.com.br

Desde 1985 servindo lanches e refeições rápidas de um extenso cardápio.

Since 1985, serving quick snacks and meals from an extensive menu.

Ráscal

Shopping Iguatemi
3816.3546
www.rascal.com.br

Estilo de cozinha mediterrânea com acento italiano.

Mediterranean cooking with Italian accent.

Amici

Rua Araçari, 200 - Itaim
5641.9110
www.restauranteamici.com.br

Comfort food: receitas de família, com gostinho de casa de avó.

Comfort food: family recipes, reminds of grandma's cooking.

Z Deli

Alameda Lorena, 1689
3064.4058

Cozinha judaica, do simples ao mais elaborado. Delicioso pra todos os gostos!

Jewish food, from the simplest dish to the most elaborate. Delicious for every taste!

Ping Pong Dim Sun

Rua Lopes Neto, 15 - Itaim
www.pingpongdimsum.com.br

Abordagem moderna da antiga e tradicional culinária chinesa.

Modern approach to the ancient and traditional Chinese cooking.

Govinda

Rua Princesa Isabel, 379 - Brooklin
5092.4816
www.govindarestaurante.com.br

Sabores e encantos da tradicional cozinha indiana.

The flavor and the magic of the Indian cooking.

1900 Pizzeria

Rua Barão de Capanema, 348
3061.3123
www.1900.com.br

Sabor dos bons tempos desde 1983.

The good flavor of yesteryear since 1983.

Taizan

Rua Galvão Bueno, 544 - Liberdade
3277.8550
www.restaurantetaizan.com.br

Tradicional culinária chinesa desde 1970.

Traditional Chinese cooking since 1970.

A Tal da Pizza

Rua Dr Mário Ferraz, 351 - Itaim
3079.3599
www.ataldapizza.com.br

Você escolhe os ingredientes da sua pizza.

You pick and choose the ingredients for your pizza.

Casa Pizza

Rua Brasília, 90 - Itaim
3077.0000
www.casapizza.com.br

Cardápio elaborado de pizzas, antepastos, saladas e sobremesas.

Elaborate menu with pizza, antepasto, salads and desserts.

Camelo

Rua Pamplona, 1873
3887.8764
www.pizzariacamelo.com.br

Tradição, qualidade e o melhor da pizza.

Tradition,quality and the best in pizza.

Cristal

R. Prof. Arthur Ramos, 551 - Pinheiros
3031.0828
www.cristalpizza.com.br

Famosas pizzas individuais de massa crocante, drinks e aperitivos.

Famous individual crunchy pizzas, drinks and appetizers.

Marguerita

Alameda tietê, 255
2714.3000
www.margherita.com.br

Desde 1991 a tradição de uma pizza sofisticada e informal.

Since 1991 the tradition of the pizza sophisticated and informal.

Pizzaria 68

Alameda Tietê, 54
3081.4057
www.meiaoito.com.br

Pizzas tradicionais da cidade de Napoli.

Traditional pizzas from the city of Napoli.

Piola Jardins

Alameda Lorena, 1765 - Pinheiros
3064.6570
www.piola.it

Pizzaria para um público moderno e exigente.

Pizzaria for a modern and ambitious audience.

Pizzaria Monte Verde

Rua Barra do Tibaji, 406 - Bom Retiro
3331.0658
www.pizzariamonteverde.com.br

Tradicional pizza de massa fina desde 1956.

Traditional thin crust pizza since 1956.

Pizza Bros

Rua Adolfo Tabacow, 170 - Itaim
3078.1130

Desde 1986 fazendo pizzas saborosas com ingredientes selecionados.

Since 1986, making delicious pizzas with selected ingredients.

Primo Basílico

Al. Gabriel M. da Silva, 1864 - Itaim
3082.8027
www.primobasilico.com.br

A pizza perfeita: uma massa crocante por fora e macia por dentro.

The perfect pizza: crunchy on the outside, tender on the inside.

Pizza Na Mão

Alameda Itu, 1212
3421.9768
www.pizzanamaosp.com.br

Pizzas com recheios exclusivos aliados a uma massa crocante e especial.

Exclusive pizza toppings on a special and crunchy dough.

Sala VIP

Alameda Lorena, 722
3052.2222
www.brazpizzaria.com.br

Delivery com mais de 70 sabores de pizzas elaboradas com ingredientes especialmente selecionados.

Delivery over 70 flavors of pizzas prepared with specially selected ingredients.

BAR

Bares, Cafés e Doces

NESPRES

NESPRESSO

Com um ambiente elegante e agradável, a Boutique *Nespresso* Oscar Freire encanta os paladares dos amantes do Espresso Perfeito.

With an elegant and pleasant ambience, the Nespresso Boutique Oscar Freire delights the palates of lovers of the perfect Espresso.

Rua Oscar Freire, 893
0800 7777 737 | www.nespresso.com

Bar Numero

Desde 2010, o Bar Número é sucesso absoluto. Alia conforto e serviço de alto padrão em um mix de bar e restaurante. Excelente opção para apreciar um drink ou jantar. A trilha sonora vai do jazz e bossa nova ao rock 'n' roll.

Since 2010, Bar Número has been an absolute success. It matches comfort and high standard of service in a mixture of bar and restaurant. An excellent option for enjoying drinks or dining. All of that while listening from jazz and bossa nova to rock'n'roll.

Rua da Consolação, 1585
3061.3995 | www.barnumero.com.br

Bar.

Rua Joaquim Antunes, 248
3061.3810
www.barbar.com.br

O bar reúne gastronomia apurada e drinks exclusivos que são executados com máximo requinte. A casa possui dois ambientes que, dependendo do dia, podem se transformar em uma pista de dança com Dj ou música ao vivo.

The bar unites fine gastronomy and exclusive drinks which are mixed with full refinement. Two ambiances that, depending on the day, can become a dance floor with DJ or a stage for live music.

Bar Brahma

Avenida São João, 677 - Centro
3367.3601
www.barbrahmacentro.com

Como já dizia a música de Caetano, "alguma coisa acontece no meu coração, que só quando cruzo a Ipiranga e a Avenida São João". E é nesta esquina, bem no coração da cidade, que São Paulo acolhe o Bar Brahma.

As the song by Caetano Veloso said, "something happens to my heart, only when I cross Ipiranga and Sao Joao avenue". And it's right on that corner, in the very heart of town, that Sao Paulo houses the Brahma Bar.

Bar Astor

Rua Delfina, 163 - Vl. Madalena
3815.1364
www.barastor.com.br

Um bar completo. Coquetelaria de primeira, chopp gelado com três dedos de colarinho, petiscos bem cuidados e cozinha boêmia.

A full bar. Cocktails first, cold draft beer with three fingers collar, good snacks and bohemian atmosphere.

Mercearia São Roque

Rua Amauri, 35
3062.2612
www.merceariasaoroque.com.br

Há mais de 20 anos em um ambiente acolhedor. A casa atrai um público fiel que cresce todo ano. As mesas no terraço possibilitam ver o movimento na rua. No cardápio sempre há novidades, entre elas a coxinha cremosa.

For over 20 years set in a cozy environment. The venue brings together a faithful clientele, which grows bigger every year. The tables on the terrace allow a view to the lively streets. The menu always brings new options, among them the "creamy" drumstick.

Pirajá

Av. Brig. Faria Lima, 64 - Pinheiros
3815.6881
www.piraja.com.br

O Pirajá é a praia carioca mais próxima de São Paulo. Do couvert à saideira, do samba novo às marchinhas, até o calçadão de ondas. Lembranças da Cidade Maravilhosa estão por toda a parte. Venha provar desse espírito.

Pirajá is the closest carioca beach to Sao Paulo. From the entrée to the "one for the road", from the new samba to the traditional ones, all the way to the wavy walkway tiles. Mementos of the Marvelous City are everywhere. Come and try that feel.

Z Carniceria

Rua Augusta, 934 - Consolação
2936.0934
www.zcarniceria.com.br

Resgatado de uma época que já se foi, o Z Carniceria contempla e homenageia a história e a alma da Rua Augusta. A casa serve comes e bebes em ambiente histórico.

Rescued from a time long gone, Z Carniceria contemplates and pays homage to the history and soul of the Rua Augusta. The venue offers drinks and snacks in a historical ambiance.

At Nine Cocktail Bar

Rua da Consolação, 2893
7881.2051
www.atnine.com.br

Conceito inovador em coquetéis, drinks e entretenimento.

Innovative concept in cocktails, drinks and entertainment.

Bar Balcão

Rua Doutor Melo Alves, 150
3063.6091

A casa tem o balcão como uma mesa única que aproxima os frequentadores.

The venue has a counter as the only table, which brings regulars together.

Bardega

Rua Doutor Alceu de Campos Rodrigues, 218 - Itaim
2691.7578
www.bardegawinebar.com.br

Bardega Wine Bar - A adega virou bar!

Bardega Wine Bar - The cellar turned into bar!

Bar do Juarez

Av. Juscelino Kubtshek, 1164 - Itaim
3078-3458
www.bardojuarez.com.br

Picanha no Réchaud, Chope e o melhor balcão de guloseimas de São Paulo.

Rump cover on Réchaud, draft beer and the best candy counter in Sao Paulo.

Bardot Boteco Bistrô

R. Clodomiro Amazonas, 216 - Itaim
3168.9988
www.botecobardot.com.br

Elegância e alta gastronomia em um tradicional boteco.

Elegance and high gastronomy in a traditional "boteco".

Bar Espírito Santo

Avenida Horácio lafer, 634 - Itaim
3078.7748
www.barespiritosanto.com.br

Bar e cozinha portuguesa com um excelente bolinho de bacalhau.

Bar and Portuguese culinary with an excellent "bolinho de bacalhau" (cod fish cake).

Bar Exquisito

Rua Belam Cintra, 532 - Consolação
3854.6522
www.exquisito.com.br

Um bar que reúne o centro de São Paulo à cozinha latino-americana.

A bar that links downtown Sao Paulo with the Latin American cuisine.

Bar Léo

Rua Aurora, 100 - Santa Eflgênia
3221.0247
www.barleo.com.br

70 anos de tradição em São Paulo.

70 years of tradition in Sao Paulo.

Baretto

Rua Vitório Fasano, 88
3062.4000
www.fasano.com.br

Um bar com o padrão dos frequentadores do Fasano.

A bar with the same standard of regulars as those from Fasano.

Bar Original

Rua Graúna, 137 - Moema
5093.9486
www.baroriginal.com.br

Desde 1996 o bar Original oferece um chope na medida certa.

Since 1996, the Original bar serves draft beer the way it is supposed to be.

Boteco São Bento Itaim

R. Leopoldo Couto Magalhães Jr, 480 - Itaim
3074.4389
R. Mourato Coelho, 1060 - V. Madalena
3817.5296
www.botecosaobento.com.br

Chope na medida certa.

Draft beer as it should be.

Boteco Seu Miagui

R. Clodomiro Amazonas, 556 - Itaim
2373.8878

A casa leva a cozinha japonesa para a mesa de boteco.

The venue brings the Japanese culinary to your bar table.

Comedians

Rua Augusta, 1129
2615.1129
www.comedians.com.br

Um bar com um legítimo comedy club norte-americano.

A bar with a genuine North American comedy club.

Eu Tu Eles

Avenida Brigadeiro Faria Lima, 2902 - Itaim
3071.4535
www.eutuelesbar.com.br

Inspirado nos bares clássicos do Brasil e do mundo.

Inspired by the classic Brazilian and worldly bars.

Dezoito Bar

Rua Professor Atílio Inoccenti, 101 - Vila Olimpia
4329.9333
www.dezoitobar.com.br

Para um sofisticado happy hour.

For a sophisticated happy hour.

Havana Club

Alameda Santos, 2233 - Itaim
3069.2233

Um bar reservado localizado no Hotel Renaissance.

A private bar located at the Renaissance Hotel.

Dona Onça

Avenida Ipiranga, 200 - Centro
3275.2016
www.bardonaonca.com.br

Para um consagrado happy hour ou almoço nos finais de semana.

For a famous happy hour or weekend lunch.

Kukla

Alameda Itu, 1306
3062.0775
www.kuklakookies.com.br

Receitas com sabores de várias partes do mundo.

Recipes with flavors from different corners of the world.

Dry Bar

Rua Padre joão Manuel, 700
3729.6653

Bar clássico especializado em mixologia, com ótima cozinha boêmia.

Classic bar, specialized in mixology with excellent bohemian cuisine.

Pé de manga

Rua Arapiraca, 152 - Vl. Madalena
3032.6068
www.pedemanga.com.br

Um bar em meio à natureza sem sair de São Paulo.

A bar amid the nature, without leaving Sao Paulo.

São Pedro São Paulo

Rua Doutor Renato Paes de Barros, 137 - Itaim
3079.4028
www.saopedrosaopaulo.com.br

Bar inspirado em um antiquário, oferece um clima retrô.

Inspired in an antique's gallery, offers a retro ambiance.

Wall Street bar

Rua Jerônimo da Veiga, 149 - Itaim
3873.6922
www.wallstreetbar.com.br

Bar inspirado na bolsa de valores de NY, com games e entretenimento.

Bar inspired in the NY stock exchange market, with games and entertainment.

Vaca Véia

Rua Manuel Guedes, 199 - Itaim
3073.1292
www.vacaveia.com.br

Com clientela bonita e solteira, é considerado o bar da paquera.

Good looking and single regulars, it is considered the bachelor's and bachalorette's hang out.

Starbucks

Alameda Santos, 2064
3285.2553
www.starbucks.com.br

Deliciosos frappucinos, cafés e chás.

Delicious frappucino, coffee and tea.

Santo Grão

Rua Oscar freire, 413
3062.9294
www.santograo.com.br

Pratos deliciosos e um memorável café.

Pratos deliciosos e um memorável café.

Suplicy

Alameda Lorena, 1430
3083.0666
www.suplicycafes.com.br

Espresso, cappuccino, macchiato, chás, frapês, sucos, doces e salgados.

Espresso, cappuccino, macchiato, chás, frapês, sucos, doces e salgados.

Sofá Café

Alameda Franca, 1104
2506.5004
www.sofacafe.com.br

Um blend exclusivo de café e uma experiência gastronômica completa.

An exclusive blend of coffee and a full gastronomic experience.

Vipiteno

Rua Manuel Guedes, 85 - Itaim
3476.1881
www.vipiteno.com.br

Gelato italiano, cafés gourmet e sanduíches exclusivos.

Gelato italiano, cafés gourmet e sanduíches exclusivos.

NESPRESSO

Rua Oscar Freire, 893

Shopping Iguatemi

Flagship Store da marca no Brasil, a Boutique traz em cada um de seus elementos o conceito e o estilo de vida da *Nespresso*. Está situada em um dos locais mais emblemáticos da Capital, a esquina da Rua Oscar Freire com a Rua Bela Cintra.

Brand's Brazilian flagship store, the Boutique brings, within each and every element, the Nespresso concept and life style. Located at one of the state capital's landmarks, at the corner of Oscar Freire and Bela Cintra streets.

0800 7777 737 | www.nespresso.com

Chocolat Du Jour

Desde 1987 em busca do mais precioso segredo: a receita das Truffes du Jour, feitas em pequenas quantidades para garantir o exclusivo sabor. Além de outros produtos elaborados a partir de cacau fino 100% brasileiro..

Since 1987 searching for the most precious secret: the recipe of the Truffes du Jour, made in small batches in order to ensure its exclusive flavor. That and other products made from 100% fine Brazilian cacao.

Rua Haddock Lobo, 1421
3168.2720 / 3062.3857 | www.chocolatdujour.com.br

Cristallo

A Cristallo oferece a mais alta qualidade em gastronomia. São cafés, panetones, doces, tortas, bolos, chocolates, petit-fours, sorvetes e salgados, preparados com receitas artesanais e sem conservantes.

Cristallo offers the highest quality gastronomy. Coffees, panettones, sweets, pies, cakes, chocolate, petit-fours, ice-creams and pastries, all prepared with traditional recipes, free of preservatives.

Rua Oscar Freire, 914
3082.1783 | www.cristalloonline.com.br

Kopenhagen

Ao chegar aos seus 85 anos a Kopenhagen carrega o poder de transformar os simples momentos em especiais e inesquecíveis. Tem como lema proporcionar felicidade através do chocolate. Lajotinha, língua de gato, nhá benta e chumbinho.

Their motto is bringing happiness through their chocolate. Always innovating and re-inventing themselves, without losing their essence.

Rua Augusta, 2437
3062.3015
Rua Oscar Freire, 900
www.kopenhagen.com.br

Leckerhaus

Especializada em doces alemães, tortas, biscoitos e marzipãs. Os produtos são tradicionais e vem do sul do Brasil. No espaço também estão disponíveis as tortas inteiras. Faz entregas na região.

Specialized in German sweets, pies, biscuits and marzipans. They are traditional products which are brought from the south of Brazil. They also offer full pies for sale. Delivers in the area.

Rua Doutor Melo Alves, 293
2528.1234 | www.leckerhaus.com.br

Rock Candy Balas Artesanais

Doceira especializada na personalização de balas artesanais, buscando resgatar antigas técnicas de produção, há muito tempo esquecidas, com máxima atenção aos detalhes da arte de fazer doces.

Confectioner specialized in the customization or artisanal candy, following long forgotten production techniques, with full attention to detail in the art of candy making.

Alameda Tietê, 606
2389.8730 | www.rockcandy.com.br

Bacio Di Latte

Rua Oscar Freire, 136
2662.2573
www.baciodilatte.com.br

Tradição em sorvetes artesanal e italiano, feitas com leite integral fresco e creme de leite as massas ficam extremamente cremosas.

Tradition in artisanal Italian ice cream, made with fresh milk and cream ice cream is very creamy.

Pão de Queijo Haddock Lobo

Rua Haddock Lobo, 1408
3088.3087

Desde 1968 o Pão de Queijo Haddock lobo é um ponto de encontro nos Jardins. Além do pão de queijo, salgados, tortas, sanduíches e a torta de limão fazem sucesso, e para finalizar, um expresso Santa Monica ou Illy.

Since 1968, the Pão de Queijo Haddock Lobo has been a meeting point in the Jardins. People can't get enough of the cheese rolls, pastries, pies, along with sandwiches and the delicious lemon pie, which also is a best-seller. A Llly or Santa Monica espresso to close it out is a must.

Pati Piva

Rua Oscar freire, 154
3063.2588
www.patipiva.com.br

Além de bolos, doces, bem-casados, chocolates, biscoitos e sorvetes, Pati Piva oferece opções de presentes deliciosos e personalizados com nomes, mensagens ou logos aplicados sobre o chocolate.

Besides the cakes, sweets, "bem-casados", chocolate, biscuits and ice cream, Pati Piva offers some delicious ideas for gifts, customized with names, messages or logos printed on chocolate.

Café do Theatro Municipal

Praça Ramos de Azevedo, 1 - República
3331.1874

Excelente opção para um bom café ou um almoço completo.

Excelente opção para um bom café ou um almoço completo.

Casa Bauducco

Alameda Lorena, 1682
2573.9400
www.bauducco.com.br

Panetones quentinhos o ano todo.

Fresh panettones all year round.

Diletto

Alameda Lorena, 1969
4371.4454
www.gelatodiletto.com

Sorvete com textura cremosa e sabor singular.

Ice cream with creamy texture and unique flavor.

Octávio Café e Bistrô

Avenida Brigadeiro F. Lima, 2996
3074.0110
www.octaviocafe.com

Muito mais que uma cafeteria, uma experiência única.

Much more than a coffee house, a unique experience.

Frutaria São Paulo

Rua Oscar Freire, 187
www.frutariasaopaulo.com.br

Lanchonete natural. Sanduiches, grelhados, saladas e vitaminas.

Spot natural. Sandwiches, grills, salads and vitamins.

O Melhor Bolo de Chocolate do Mundo

Rua Oscar freire, 125
3061.2172
omelhorbolodechocolatedomundo.com

Bolo de chocolate sem farinha ou fermento, cuja receita é secreta.

Chocolate cake, without any flour or baking powder. The recipe is a secret.

L'Univers de Chocolat

Rua João Cachoeira, 1748 - Itaim
3079.9509
www.luniversdechocolat.com.br

Chocolates, macarons, sobremesas modernas e doces com chocolate.

Chocolates, macarons, modern desserts and candies with chocolate.

Pâtisserie Mara Mello

Alameda Gabriel M. da Silva, 1308
3081.5229
www.maramello.com.br

Doces deliciosos e impecáveis, do simples ao mais sofisticado.

Impeccable and delicious sweets, from the simplest to the most sophisticated.

Mil Frutas

Shopping Cidade Jardim e Shopping Iguatemi
3552.5900
www.milfrutas.com.br

Mais de 250 tipo de sorvetes que mudam a cada estação.

Mais de 250 tipo de sorvetes que mudam a cada estação.

Pé no parque

Rua Inhambu, 240 - Moema
5051.3376
www.penoparque.com.br

Ideal para os amantes da natureza e adeptos a uma alimentação saudável.

Ideal for nature lovers and attached to healthy food.

Padarias, Lanchonetes e Mercados

Padaria do Mosteiro

Desde 1999 originalmente no centro, servindo pães, bolos, geleias, biscoitos e licores, da gastronomia monástica do Mosteiro de São Bento, cujas receitas são seculares e transmitidas de um monge para o outro, mantendo sempre a tradição.

Since 1999 , originally in downtown, serving breads, cakes, jams, biscuits and liqueurs, gastronomy monastic Saint Benedict Monastery, whose revenues are secular and passed from one monk to another, keeping the tradition.

Rua Barão de Capanema, 416
3063.0522 | www.padariadomosteiro.com.br

Le Pain Quotidien

Rua Paes de Araújo, 178
3078.0383
www.lepainquotidien.com.br

Rede belga de boulangeries com pães artesanais e orgânicos. Confeitaria mágica. Ideal para saborear café da manhã, almoço ou jantar.

Belgian chain of boulangeries with home made and organic breads. Magic confectionary. Ideal for savoring breakfast, lunch or dinner.

PÃO

Rua Bela Cintra, 1618
2193.2116
www.padariaartesanal.org

Na PÃO todos os biscoitos, pães, doces e salgados são feitos artesanalmente com produtos orgânicos. Os clientes podem observar todo o processo, pois a cozinha é separada apenas pelo balcão.

At PÃO, all the biscuits, breads, sweets and pastries are crafted with organic products. Clients can look right into the kitchen, separated solely by the counter.

Benjamin Abrahao

Rua José Maria Lisboa, 1397
3061.4004
www.benjaminabrahao.com.br

Seus produtos são feitos com carinho.

They make their products with all the care.

Julice Boulangére

Rua Dep. Lacerda Franco, 536 - Pinheiros
3097.9144
www.juliceboulangere.com.br

Aposta na confecção de pães artesanais para os mais exigentes paladares.

Confectioning artisanal breads for the most demanding tastes.

Dengosa Paes e Doces

Rua Dr Melo Alves, 281
3061.2919
www.padariadengosa.com.br

Desde a decada de 80 é reconhecida pela qualidade de seus produtos.

Since the eighties, they are known for the quality of their products.

La Bella Paes & Cia

Rua Bela Cintra, 1491
3088.2774 / 3085.3611

Di Cunto

Rua Tabapuã, 1123 - Itaim
3709.2119
www.dicunto.com.br

Ha 75 anos elaborando produtos com alto padrao de qualidade.

For 75 years, they have been making products with the highest standards of quality.

Le Vin Boulangerie

Alameda Tietê, 184
3087.4888
www.levin.com.br

Padaria do famoso Bistro Le Vin.

Bistro Le Vin's bakery.

Galeria dos Pães

Rua Estados Unidos, 1645
3064.5900
www.galeriadospaes.com.br

Ponto de encontro gastronômico e referência entre as padarias abertas 24 horas.

Gastronomic meeting point and reference among the 24/7 bakeries.

Marie Madeleine

Shopping Cidade Jardim
3198.9318
Rua Afonso Braz, 511
2387.0019

Boutique gourmet francesa.

French gourmet boutique.

Padaria Caconde

Rua Caconde, 411
3887.2169
www.padariacaconde.com.br

Um novo conceito em padaria.

A new concept in bakery.

Pane D' Itaim

Av. Brig Faria Lima, 1853 - Pinheiros
3371.2300
www.paneditaim.com.br

Inaugurada em 2011, é considerada uma das melhores padarias da cidade.

Opened in 2011, it's considered one of the best bakeries in town.

Padaria Charmosa

Rua Pamplona, 1253
3884.8955
www.pacharmosapamplona.com.br

Ponto de referência em bom atendimento, qualidade e tradição.

Reference in good service, quality and tradition.

Quartier du Pain

Alameda Lorena, 2019
3065.3300
www.quartierdupain.com.br

Padaria Gourmet com receitas artesanais.

Gourmet bakery with homemade recipes.

Frevo

Rua Oscar Freire, 603
3082.3434
www.frevinho.com.br

Desde 1956 a lanchonete Frevo cativa diversas gerações com seu ambiente familiar, hambúrgueres feitos na própria casa e a maionese especial, com receita exclusiva.

Since 1956, the Frevo snack bar captivates several generations with its family setting, home made hamburgers and the special mayonese, from an exclusive recipe.

The Fifties

Alameda Santos, 1015
3266.4278
www.theflfties.com.br

Inspirado no estilo americano dos anos 50, foi uma das primeiras lanchonetes de São Paulo a fazer hambúrguer de picanha. É o lugar ideal para quem é apaixonado por hambúrguer.

Inspired by the American 50's style, it was one of the first snack bars in Sao Paulo to offer rump cover hamburgers. The ideal place for the hamburger lover.

Vapor Burguer & Beer

Rua Fradique Coutinho, 1464 - Via madalena
3811.9737
www.vaporburger.com.br

Em 1920 surgiram nos EUA os primeiros hambúrgueres no vapor. Aqui fomos além, e estendemos o uso do vapor desde a entrada até a sobremesa. Não grelhamos, não fritamos e não usamos chapa.

In 1920, in the US, the very first steamed hamburger appeared. We took it one step further and we steam from the entrée to the dessert. They don't grill nor fry their food.

A Chapa

Rua Melo Alves, 238
3085.0521
www.achapa.com.br

Tradicional pela qualidade de seus hambúrgueres preparados artesanalmente.

Traditional for the quality of their cooked-to-perfection hamburgers.

Butcher's Market

Rua Bandeira Paulista, 164 - Itaim
2367.1043
www.butchersmarket.com.br

Lanchonete, hamburgueria e churrascaria.

Snack bar, hamburger and steak house.

General Prime Burguer

Rua Joaquim Floriano, 541 - Itaim
3060.3333
www.primeburguer.com.br

Hamburgueria gourmet que utiliza ingredientes diferenciados e de qualidade.

Gourmet hamburger using special quality ingredients.

Lanchonete da Cidade

Alameda Tiete, 110
3086.3399
Shopping Cidade Jardim
www.lanchonetedacidade.com.br

Hambúrgueres feitos artesanalmente e grelhados ao ponto da perfeição.

Hamburgers are crafted and cooked to perfection.

Rockets

Alameda Lorena, 2090
3081.9466

Lanchonete com decoração inspirada nos anos 50.

Snack bar with decoration inspired in the 50's.

Tostex

Shopping Cidade Jardim
3758.3485
www.tostexoficial.com.br

É opção perfeita para qualquer hora do dia: café, almoço, jantar, lanchinho da tarde e noite. Pra todas as horas.

The perfect choice any time of the day: breakfast, lunch, dinner or a late snack. You choose when to have it.

World Wine Jardins

A World Wine Jardins é um dos destinos preferidos para quem busca diversidade, qualidade e atendimento personalizado na hora de escolher vinhos. São mais de 100 produtores e uma seleção de mais de 2 mil rótulos.

World Wine Jardins is one of the favorite destinations of those seeking diversity, quality and personalized service when it comes to choosing wines. They are over 100 producers and offer a selection of over 2 thousand labels.

Rua Padre João Manuel, 1269
3085.3055 | www.worldwine.com.br

Casa do Porto

Alameda Franca, 1.225
3061.3003
www.casadoportovinhos.com.br

Estimula a cultura do vinho no Brasil para a melhor apreciação.

Stimulates the wine culture in Brazil for better appreciation.

Enoteca Decanter

Rua Joaquim Floriano, 838 - Itaim
3702.2020
www.enotecadecantersp.com.br

Enoteca que possui um charmoso Wine Bar.

Enoteca which also offers a charming Wine Bar.

ZAHIL

Rua Manuel Guedes, 294 - Itaim
3071.2900
www.zahil.com.br

Enoteca com mais de 300 rótulos de 55 produtores de 11 diferentes países.

Enoteca with over 300 labels of wine from 55 producers from 11 different countries.

Expand

Shopping Iguatemi
3037.7001
www.adegaexpand.com.br

Fundada 1978 é pioneiro em difundir e desenvolver a cultura do vinho.

Founded in 1978 they are pioneers in difusing and developing the wine culture.

Casa Santa Luzia

Alameda Lorena, 1471
3897.5000
www.santaluzia.com.br

Há 86 anos oferece produtos selecionados, nacionais e importados, prezando pela qualidade e pelo ótimo atendimento.

For 86 years, we have been offering national and international delicacies, always with the highest quality, paying special attention to our relationship with our clientele.

Empório Santa Maria

Avenida Cidade Jardim, 790
3706.5211
www.emporiosantamaria.com.br

Referência em gastronomia e qualidade de produtos e serviços.

Reference in gastronomy and quality products and services.

Mercadinho Dalva e Dito

Um mercadinho charmoso, instalado na lateral do restaurante de Alex Atala, reúne pães, bolos, manteiga na garrafa, produtos brasileiros e orgânicos.

Charming and unique market, located right to Alex Atala's restaurant, offers breads, cakes, bottled butter, brazilian products and organic.

Rua Padre Joao Manoel, 1115
3068.4444 | www.dalvaedito.com.br

Empório Portugal

Alameda Sarutaiá, 196
2507.9321

Extra Hipermercado

Av. Brigadeiro Luis Antonio, 2013
3016.8600
www.extra.com.br

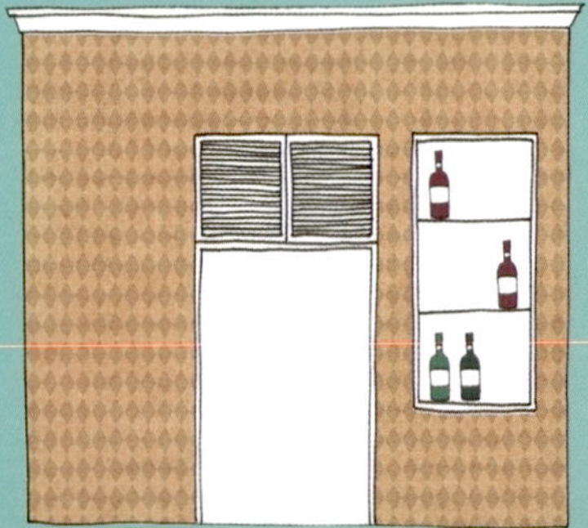

Emporio Central

Shopping Cidade-Jardim
3552.3720
www.emporiocentralsp.com.br

Bistrô sofisticado com um espaço gourmet de alta qualidade.

Sophisticated bistro and high quality gourmet space.

Goa Gastronomia Saudável

Rua Cônego Eugênio Leite, 1152 - Pinheiros
3031.0680
www.goavegetariano.com.br

Feira de produtos orgânicos realizados aos sábados.

Vegetable market with organic products on Saturdays.

Hipermercado Carrefour

Rua Pamplona, 1704
3882.0071
www.grupocarrefour.com.br

Orgânicos Vita

2638.7138/97684.9897
www.organicosvita.com.br

Entrega de produtos orgânicos em casa.

Home delivery of organic goods.

Intermezzo Gourmet

Shopping Iguatemi/JK
3034.5690/3152.6066
www.intermezzogourmet.com.br

Açougue que vende carnes especiais.

Butcher's specialized in fine meats.

Pão de Açúcar

Al. Ministro Rocha Azevedo, 1136
3088.6868
www.paodeacucar.com.br

O Pão de Açúcar é uma rede de supermercados prática e moderna.

Pão de Açúcar is a convenient and modern Brazilian supermarket chain.

Açougue Parisiense

Rua Padre João Manuel, 574
3081.9602
www.intermezzogourmet.com.br

Peixaria Horizonte Azul

Rua Tabapuã, 424 - Itaim
3078.0695
www.peixariahorizonteazul.com.br

Ponto de referência em bom atendimento, qualidade e tradição.

Reference in good service, quality and tradition.

Compras

Amir Slama

Após se desligar da Rosa Chá em 2009, Amir Slama passou a assinar suas coleções, com lojas próprias em São Paulo. Moda praia, feminina e masculina, com uma proposta descontraída e de lifestyle brasileiro.

After leaving Rosa Chá in 2009, Amir Slama started signing his collections, with his own shops in Sao Paulo. Women's and men's beachwear, with an outgoing Brazilian lifestyle appeal.

Rua Oscar Freire, 977
3081.2793 | www.amirslama.com.br

Antonio Bernado

As lojas são um convite para conhecer não só as criações do designer de jóias como também os objetos de decoração. Um espaço acolhedor, agradável, convidativo, que resgata o conforto e bem-estar de uma casa.

The shops are an invitation to meet not only the designer's jewellery creations, but also the décor pieces. A welcoming, pleasant and inviting place which mimics the comfort and well-being of a home.

Rua Bela Cintra, 2063
3083.5622 | www.antoniobernardo.com.br

Arezzo

Reunindo conceito, alta qualidade e design contemporâneo, a rede de franquias Arezzo possui mais de 300 lojas distribuídas em 160 municípios, com atuação em todos os estados brasileiros.

Uniting concept, high quality and contemporary design, the franchise has over 300 outlets in 160 towns, being present in every Brazilian state.

Rua Oscar Freire, 808
3081.4929 | www.arezzo.com.br

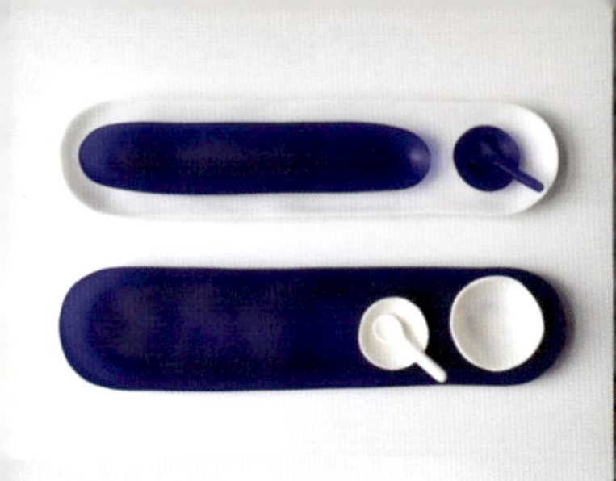

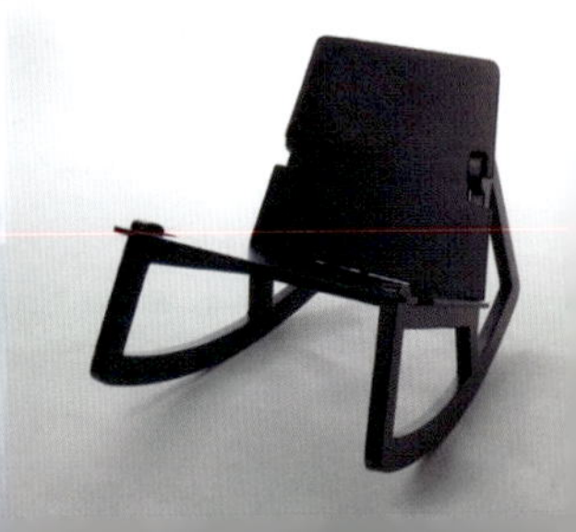

Benedixt

Com curadoria em design e marcas exclusivas e originais, a BENEDIXT é uma loja de design que oferece produtos em mobiliário, objetos e acessórios com design autoral.

With the curatorship in design and exclusive and original brands, BENEDIXT is a design store that offers furniture, object and accessories with authorial design.

Rua Haddock Lobo, 1584
3081.5606 | www.benedixt.com.br

Carla Amorim

Carla Amorim nasceu em Brasília e desde 1993 cria jóias inspiradas na natureza, arquitetura e religiosidade, usando pedras preciosas e ouro 18k amarelo, branco, negro e rosa. Sua clientela é exigente e estrelada.

Carla Amorim was born in Brasilia and since 1993 has been creating jewelry inspired by nature, architecture and religion; using precious stones and 18k yellow, black, white and rose gold. Her clientele is demanding and celebrated.

Rua Oscar Freire, 903
2146.1250 | www.carlaamorim.com.br

Carlos Miele

Atualmente suas coleções são vendidas em mais de 20 países e agradam celebridades como Florence Welch, Beyoncé, Blake Lively, Rihanna, Jennifer Lopez e Camila Belle, eleita a mais bem vestida pela Vogue América.

Currently, their collections are sold in over 20 countries and please celebrities such as Florence Welch, Beyoncé, Blake Lively, Rihanna, Jennifer Lopez and Camila Belle, voted the best dressed woman by Vogue.

Rua Bela Cintra, 2231
3062.6144 | www.carlosmiele.com.br

El

Casa Electrolux

A Casa Electrolux é a primeira flagship store da marca no mundo. O espaço proporciona uma experiência única em design e inovação, onde você pode conhecer os produtos e novidades da marca.

Casa Electrolux is the brand's first flagship store in the world. The space offers a unique experience in design and innovation where you can check the brand's products and new releases.

Rua Colombia, 157
3465.1400 | www.casaelectrolux.com.br

Carmen Steffens

Criada em 1993, oferece sapatos, bolsas e acessórios com design sofisticado, desenvolvidos de acordo com as últimas tendências de moda nacional e internacional, feitos com couro diferenciado e de qualidade.

Created in 1993, it offers shoes, handbags and accessories of sophisticated design, developed based on the latest national and international fashion trends, using quality leather.

Rua Oscar Freire, 953
3063.2283 | www.carmensteffens.com.br

CITROËN DS5

CITROËN Experience Centre

CITROËN Experience Centre - loja-conceito da marca, estabelecendo um novo conceito no mundo automobílistico.

CITROËN Experience Centre, Brand's concept shop, establishing a new concept for the automotive world.

Rua Oscar Freire, 1009
3063.1810 | www.citroen.com.br

Diane von Furstenberg

Além das coleções desenvolvidas pela estilista, a marca oferece no Brasil linha completa de bolsas e acessórios, dentre eles: echarpes, calçados e óculos de sol.

Besides the collections designed by the stylist, the brand offers, in Brazil, the full line of handbags and accessories, among them: scarves, shoes and sun glasses.

Shopping Iguatemi/JK Iguatemi
3034.4720/3152.6979 | www.dvf.com

Dior

Quando fez sua primeira coleção, em 1947, Christian Dior surpreendeu pelo glamour e feminilidade. As suas criações até hoje ditam e influenciam a moda mundial. Abriu sua primeira loja em 1999 e a flagship store em 2013.

Christian Dior surprised the world with his glamour and femininity. His creations continue to influence and dictate the world's fashion. TThe brand has been in Brazil for 15 years and the flagship store in 2013.

Shopping Cidade Jardim
3750.4400 | www.dior.com

Espaço Havaianas

O Espaço Havaianas reúne a linha completa de sandálias e todos os produtos da marca. Dos modelos especiais às peças que fazem sucesso lá fora, tudo numa loja moderna e colorida, com a cara de Havaianas.

Espaço Havainas showcases the full collection of flip-flops and all the brand's products. From the special models to the international best-sellers, you'll find all of them at a modern and colorful store, which looks just like the Havainas.

Rua Oscar Freire, 1116
3079.3415 | www.havaianas.com

melissa

Galeria Melissa

Nunca com a mesma cara, a Galeria Melissa está aberta para receber amantes da arte, cultura e, é claro, fãs da marca!

Constantly renewed, the Melissa Gallery is open to all art and culture lovers, and, of course, to all the fans of the brand!

Rua Oscar Freire, 827
3083.3612 | www.melissa.com.br

Goyard

A loja brasileira é a primeira no mundo a ser inaugurada com o atelier de marquage, onde peças podem ser personalizadas. Os acabamentos são feitos à mão e cada cor é preparada com exclusivos pigmentos naturais.

The Brazilian shop is the world's first to open the marquage atelier, where the pieces are customized. They are hand finished and the dyes are made of exclusive natural pigments.

Shopping JK Iguatemi
3152.6999 | www.goyard.com

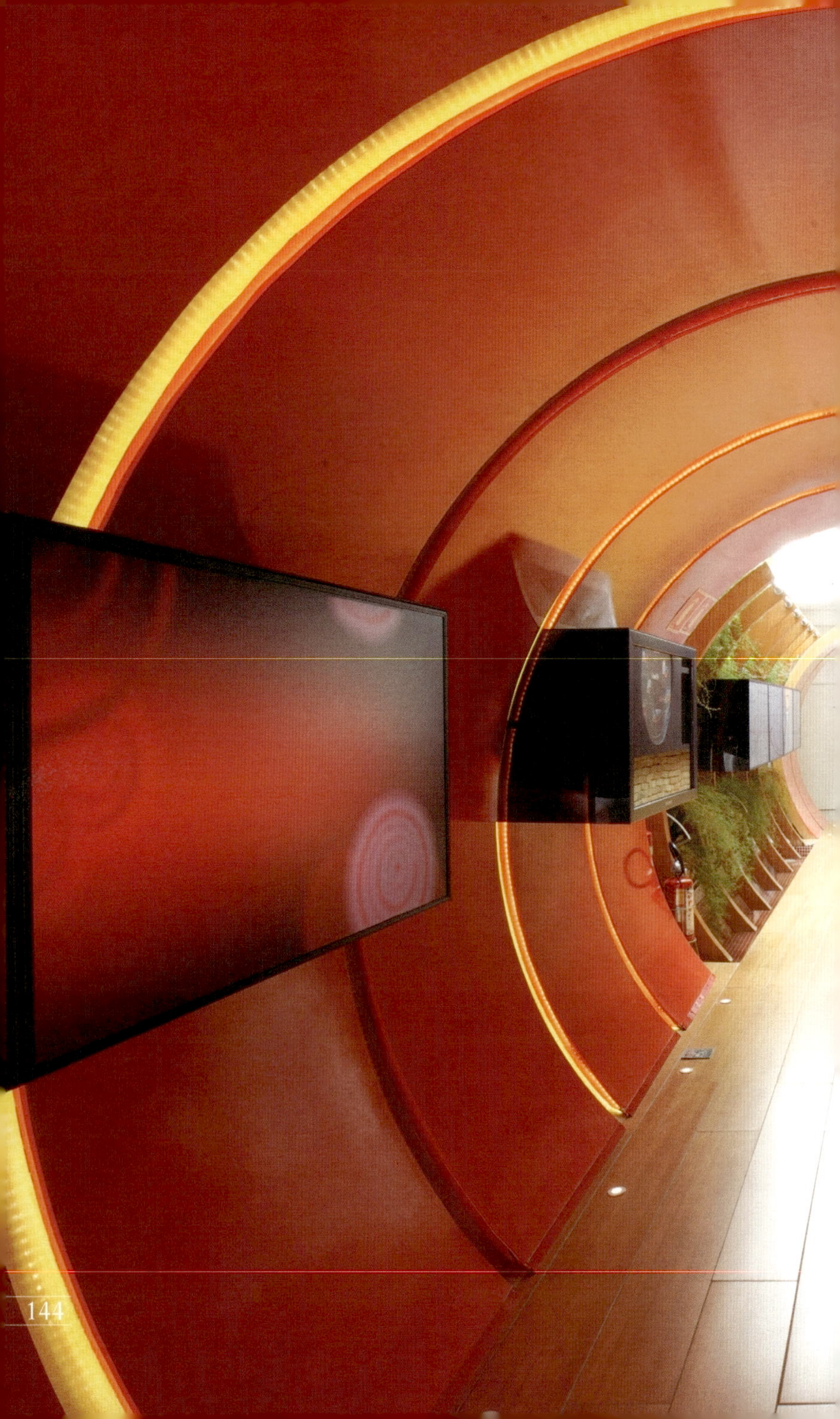

Invel

A Invel é uma empresa brasileira que pesquisa e fabrica roupas e acessórios terapêuticos irradiadores de Infravermelho Longo, tecnologia importada do Japão.

Invel is a Brazilian company that does research and production of therapeutical clothing and accessories which use the japanese technology of long infrared rays.

Rua Bela Cintra, 1941
3062.7665 | www.invel.com.br

120
IZABEL ESTEVES
IZABEL ESTEVES

Izabel Esteves

Izabel Esteves representa um universo de sofisticação, com uma coleção de jóias com pedras preciosas. Foi precursora da lapidação de diamantes rose cut, negros, ouro negro e ouro rosa.

Izabel Esteves represents a universe of sophistication with a collection of gem stone jewellery. It was a pioneer in the cutting of rose cut and black diamonds, black gold and pink gold.

Shopping Iguatemi/JK Iguatemi
3034.5690/3152.6066

Joalheria Sara

Joalheria Sara sobe um quarteirão nos Jardins e inaugura espaço mais intimista e aconchegante. Oferece grifes de prestígio como Piaget e Tudor, e jóias arrojadas e clássicas com qualidade impecável.

Joalheria Sara moves one block up in Jardins and opens a more intimate and cozy space. Offers prestige brands such as Piaget and Tudor, and classic and bold jewels with impeccable quality.

Rua Haddock Lobo, 1398
3081.8125 | www.sarajoias.com

LANVIN

Lanvin

Reconhecida por apresentar vestidos e acessórios poderosos, a marca combina sofisticação e graça através de materiais nobres e elementos lúdicos.

Renowned for introducing powerful dresses and accessories, the brand blends sophistication and grace with noble materials and playful elements.

Shopping JK Iguatemi
3152.6989 | www.lanvin.com

MOMUSSK

Momussk

A Momussk foi criada por Carin Mofarrej, que teve a admiração por pedras preciosas desde os tempos de criança, confirmando mais tarde um talento nato para criar de maneira sofisticada e harmoniosa. Hoje, Carin Mofarrej traduz e antecipa, numa linguagem contemporânea, todo um conceito e um estilo requintado em ourivesaria.

The Momussk was created by Carin Mofarrej had admiration for gemstones since the days of child, later confirming a natural way to create the sophisticated and harmonious. Today, Carin Mofarrej reflects and anticipates, in contemporary language, a whole concept and refined style in jewelery.

Alameda Santos, 1437
3284.2327 / 3885.8935

MONT
BLANC

Montblanc

Primeira Boutique Montblanc das Américas, a loja da Rua Oscar Freire, reune todas as linhas de produtos Montblanc, das sofisticadas jóias femininas e masculinas, relógios e peças de couro até requintados instrumentos de escrita de edição limitada.

First Montblanc boutique, the shop, at Oscar Freire, gathers all of the Montblanc product lines, from the sophisticated men's and women's jewelery, watches and leather pieces, to refined limited edition writing instruments.

Rua Oscar Freire, 740
3068.8811 | www.montblanc.com

NK Store

A nkstore nasceu em 1997 como uma loja multimarcas e junto com ela a marca própria nk. Com o sucesso se tornou objeto de desejo em todo o país. Além das linhas nk e talienk, representa importantes marcas internacionais.

nstroke was established in 1997 as a multi-brand shop, along with its own brand nk. Their success turned the brand into a nationwide object of desire. Besides the nk and talienk lines, they represent important international brands.

Rua Sarandi, 34
3897.2600 | www.nkstore.com.br

PUN
SWAROVSK

PuntoLuce Iluminação

A PuntoLuce, uma das principais lojas de iluminação, presta assessoria em projetos de iluminação e automação residencial e corporativa. Representa grandes marcas consagradas em âmbito internacional.

PuntoLuce, one of the main lighting stores, provides consulting for home and corporate projects in lighting and automation. They represent the great internationally renowned brands.

Alameda Gabriel Monteiro da Silva, 934
3064.6977 | www.puntoluce.com.br

Rimowa

As tradicionais peças Rimowa podem ser encontradas em sete lojas no Brasil. A unidade dos Jardins oferece todos os exclusivos modelos da marca.

The traditional Rimowa pieces can be found at seven outlets around Brazil. The Jardins branch offers all the exclusive models by the brand.

Rua Vitório Fasano, 37
3062.0226 | www.rimowashop.com.br

roberto cavalli
roberto cavalli

Roberto Cavalli

A Boutique foi inaugurada em 2004 com a presença do estilista italiano. Comercializa vestuário e acessórios femininos.

Boutique was opened in 2004, by the Italian stylist himself. Clothing and accessories for women.

Rua Bela Cintra, 2218
3088.7657

Talento

A Talento acredita na vida e no poder das jóias. Em cada coleção as peças são feitas sob medida, em um processo totalmente artesanal, respeitando a originalidade e o estilo de cada mulher.

Talento believes in life and in the power of jewels. Each collection presents made-to-order pieces, in a totally artisanal process which respects each woman's originality and style.

Rua Bela Cintra, 2365
3081.9000 | www.talentojoias.com.br

TROUSSEAU

Trousseau

Trousseau se diferencia pela exclusividade de seus produtos e valoriza a qualidade de tecidos e acabamentos. A marca possui 25 lojas próprias e está presente nas principais capitais brasileiras, além da loja virtual.

Trosseau stands out for the quality of their products, paying attention to the quality of the fabrics and the finishing. The brand owns 25 freestanding stores and is present in the main capitals of the country and has a virtual shop.

Alameda Gabriel M. da Silva, 912
3068.9946 | www.trousseau.com.br

Valisere

A Valisere aposta em lingeries, camisolas e acessórios nos quais conforto, moda e tecnologia andam juntos para acionar o imaginário das mulheres.

Valisère puts their all chips on women's underwear, gowns and accessories where comfort, fashion and technology walk hand-in-hand to reach out into women's imagination.

Rua Oscar Freire, 2151
2338.5003 | www.valisere.com.br

Versace

Boutique Versace em São Paulo desde 1996, comercializa vestuário e acessórios femininos e masculinos, além da linha casa.

Versace Boutique in Sao Paulo since 1996, selling men's and women's clothing and accessories, besides their own collection.

Rua Bela Cintra, 2209
3088.8602

VICTOR HUGO

Victor Hugo

Símbolo de moda e estilo de vida, é considerada uma importante grife do segmento de couro nacional. Presente em Nova York, conta com uma linha completa de bolsas, chaveiros, cintos, óculos, relógios e moda feminina.

Symbol of fashion and lifestyle, is considered an important brand in the segment of national leathergoods. Present in New York, offers a full line of hand bags, key chains, glasses, watches and women's fashion.

Rua Oscar Freire, 816
3082.1303 | www.victorhugo.com.br

Chanel Parfums & Beauté

As Boutiques CHANEL Fragrância & Beleza em São Paulo oferecem uma luxuosa atmosfera convidando cada visitante a mergulhar no fascinante mundo de fragrância e beleza CHANEL.

The CHANEL Fragrância & Beleza boutiques in Sao Paulo offer a luxurious atmosphere, inviting every client to dive into CHANEL's fascinating world of fragrances and beauty.

Shopping Cidade Jardim
3034.5394 | www.chanel.com.br

Burberry

Shopping Iguatemi/JK Iguatemi
3032.7274/3152.6555 | www.burberry.com

Levi's®

A Levi's® Neighborhood Store possui um ambiente que acolhe o consumidor como um vizinho, informando sobre novidades e tendências de moda do bairro. A loja da Oscar Freire tem temática bem urbana, com apelo fashion.

The Levi's® Neighborhood Store has an environment that welcomes the consumer as a neighbor, informing about news and fashion trends. The Oscar Freire store has a very urban theme, with a fashion appeal of its own.

Rua Oscar Freire, 1128
3062.2879 | www.levi.com.br

Schutz

Destinada ao público jovem, antenado com as principais tendências ao redor do mundo, a Schutz possui um estilo sexy cool, para mulheres independentes e ousadas, que gostam de viajar e, acima de tudo, de se divertir.

Geared towards the youngsters, tuned in with the main worldwide trends, Schutz offers a sexy cool style for the independent and daring woman, who likes being on the road, and above all, have fun.

Rua Oscar Freire, 944
4508.1499 | www.schutz.com.br

A.BRAND

A A.Brand é exclusiva e sofisticada, com detalhes artesanais aliados à tecnologia precisa. A arte está nos detalhes, na mistura da sensualidade e da elegância que fascina a mulher contemporânea.

A.Brand is exclusive and sophisticated, with artisanal details blended with accurate technology. The art lives in the details, in the mixture of sensuality and elegance which fascinates the contemporary woman.

Shopping Cidade Jardim
3758.3255 | www.abrand.com.br

Animale

A Animale veste mulheres brasileiras com prêt-à-porter premium e sofisticado. Lançada em 1991, a grife tem mais de 60 lojas próprias e está entre as cinco maiores empresas de moda do Brasil.

Animale dresses the Brazilian women with premium and sophisticated prêt-à-porter. Founded in 1991, the name counts on more than 60 outlets and ranks among the top 5 Brazilian fashion brands.

Shopping JK Iguatemi
3152.6400 | www.animale.com.br

Daslu

As peças são feitas com materiais nobres e de qualidade. Entre as linhas da Daslu estão Daslu, Daslu Homem, Daslu Boys & Girls, Daslu Casa e Daslu Couture.

Pieces are made with noble materials and quality. Daslu, Daslu Homem, Daslu Boys & Girls, Daslu Casa and Daslu Couture are some of their collections.

Shopping JK Iguatemi
3152.6601 | www.daslu.com.br

Alexandre Birman

Criada pelo estilista Alexandre Birman em 2008, a marca tem como diferencial a combinação de materiais exóticos e linhas modernas com toque clássico que conquistaram os pés das grandes celebridades do mundo.

Created by stylist Alexandre Birman in 2008, the brand stands out with its combination of exotic materials and modern design, with a classic touch which is worn by the greatest celebrities worldwide.

Rua Oscar Freire, 855
3068.8677 | www.alexandrebirman.com.br

GANT

A GANT combina a casualidade americana com a elegância européia. Oferece roupas para homens, mulheres e crianças. Presente em 73 países, a marca é a pioneira do estilo preppy e é reconhecida por sua alta qualidade.

GANT blends the American casual wear with the European elegance. It offer men's, women's and kids' clothing. Present in 73 countries, the brand is a pioneer in the preppy style and is renowned for its high quality.

Rua Bela Cintra, 2203
3083.3574 | www.gant.com

Lomography Gallery Store

Loja especializada em fotografia analógica com câmeras, filmes e acessórios. Nesse espaço também são oferecidos workshops, eventos e festas de lançamentos.

Store specialized in analogical photography, offers cameras, films and accessories. At this location, workshops, events and launch parties also take place.

Rua Augusta, 2481
3062.8955 | www.lomography.com.br

Tatiana Loureiro

Como nem só de saltos vive o nosso closet. Tatiana Loureiro aposta nas charmosas ballerinas. A marca virou sinônimo de luxury flats. Feitas sempre com materiais de alta qualidade, são confortáveis e muito elegantes.

Since a closet cannot be all heels, Tatiana Loureiro offers her charming ballerinas. The brand has become synonymous with luxury flats. Always made with high quality materials, they are confortable and very elegant.

Shopping Iguatemi/JK Iguatemi
3032.4411/3078.3942 | www.tatianaloureiro.com.br

Tory Burch

TORY BURCH

A Tory Burch é uma marca de roupas, sapatos, bolsas e acessórios para mulheres de todas as idades. É definida pelo sportswear americano clássico com uma sensibilidade eclética e preço acessível.

Tory Burch is a brand of clothing and shoes, handbags and accessories for women of all ages. It is defined as classic American sportswear with an eclectic sensitivity and reasonable pricing.

Shopping JK Iguatemi
3152.6401 | www.toryburch.com

Vanessa Montoro

A estilista Vanessa Montoro é conhecida pela identidade única, confeccionando peças em tricô, crochê e seda tingidos manualmente, que formam uma base delicada e sofisticada para vestidos, saias, blusas e casacos. 100% hand made.

Stylist Vanessa Montoro is known for the unique identity, with knitted, crochet and silk pieces hand dyed, offering a delicate and sophisticated basis for dresses, skirts, blouses and coats. 100% hand made.

Rua Conselheiro Torres Homem, 129
3057.2412 | www.vanessamontoro.com

284 Brasil

Rua Oscar Freire, 978
3081.3633
www.284brasil.com.br

A marca fast fashion foi criada pela terceira geração Daslu e é dirigida ao público jovem e urbano que busca atitude, personalidade e versatilidade em tudo o que faz e usa.

Fast Fashion, created by the third generation of the Daslu brand, geared towards the young urban public, seeking attitude, personality and versatility.

Adriana Barra

Alameda Franca, 1243
2925.2300
www.adrianabarra.com.br

A estilista Adriana Barra se tornou reconhecida pelas estampas exclusivas com muitas flores e cores. Suas criações tem tiragem limitada, e sua linha de acessórios inclui sapatos, sandálias, uma linha de lingerie e casa.

Recognized by exclusive prints with lots of flowers and colors. His creations have limited run, and its line of accessories includes shoes, sandals, a line of lingerie and home.

Adidas

adidas®

Rua Oscar Freire, 995-1103
3587.6702
www.adidas.com.br

A loja conceito segue o padrão internacional da marca e oferece produtos de vestuário, calçados e acessórios para a prática de diversos esportes. Voltada aos diferentes públicos, feminino, masculino e infantil.

The concept store follows the international standard of the brand and offers clothing, shoes and accessories for the practice of a variety of sports. Caters to men, women and kids.

Adriana Degreas

Rua Haddock Lobo, 1151
3331.1113
www.adrianadegreas.com.br

Adriana Degreas é hoje uma das principais marcas de beachwear de luxo do Brasil. Suas criações apresentadas no Rio Summer e São Paulo Fashion Week são referências no beachwear nacional e internacional.

Adriana Degreas is, today, one of the leading brands of luxury beachwear from Brazil. Her creations presented at Rio Summer and Sao Paulo Fashion Week are reference in Brazilian and international beachwear.

Água de Coco por Liana Thomaz

Rua Oscar Freire, 1181
3385.6500
www.aguadecoco.com.br

Há 27 anos no mercado, a grife traz em seu DNA as estampas exclusivas e modelagens diferenciadas. Sempre com lançamentos para o público ávido por uma moda autêntica.

In the market for 27 years, the brand brings in its DNA exclusive prints and differentiated modeling. Constantly launching novelties for a public hungry for some authentic fashion.

American Apparel

Rua Oscar Freire, 433
11389.4388
store.americanapparel.com.br

Na American Apparel você encontra desde itens básicos do vestuário masculino e feminino, como camisetas, leggings, peças intímas e até mesmo roupas infantis.

At American Apparel store you'll find from basic men's and women's clothing, such as T-shirts, leggings, underwear, and even children's clothing.

Alexandre Herchcovitch

Rua Melo Alves, 561
3063.2888
www.herchcovitch.com

Alexandre Herchcovitch é um dos estilistas brasileiros de maior destaque no mercado internacional. Criativo e versátil, este paulistano desenvolve quatro coleções para sua marca própria a cada estação, para homens e mulheres.

Alexandre Herchcovitch is one of the Brazilian stylists with the greatest international projection. Creative and versatile, the Sao Paulo born designer develops four collections under his own brand every season, for both men and women.

Anunciação

Rua Oscar Freire, 540
3085.7883
www.anunciacao.com

Em uma combinação particular da alegria e do ofício, a Anunciação cria peças que trazem o perfume do atemporal. A loja oferece produtos de vestuário feminino e acessórios.

A special combination of joy and work, Anunciação creates pieces which bring a timeless scent. The shop offers women's clothing and accessories.

Asics

Rua Oscar Freire, 1082
3064.0674
www.asics.com.br

ASICS é uma empresa de artigos esportivos fundada em 1949 por Kihachiro Onitsuka em Kobe, Japão. A loja conceito da ASICS no Brasil oferece produtos exclusivos da marca.

ASICS is a sports gear company founded in 1949 by Kihachiro Onitsuka, in Kobe, Japan. ASICS concept store in Brazil offers exclusive products by the brand.

Canal

Rua Oscar Freire, 987
3083.2511
www.canal.com.br

A CANAL é uma marca tradutora de tendências que transforma desejos em produtos, a fim de atender a mulheres que se preocupam em conciliar seu estilo de vida e a paixão pela moda.

CANAL is a brand that translates fashion trends; we aim at turning desires into products, in order to serve urban women who want to match their lifestyle to their passion.

Bo.Bô

Rua Oscar Freire, 1039
3061.0800
www.bobo.com.br

Criada em 2006, a Bo.Bô é hoje uma das grifes mais conceituadas e luxuosas do país. Focada em mulheres jovens e com estilo próprio, a Bo.Bô comercializa sapatos, acessórios, roupas e fragrâncias de alta qualidade.

Founded in 2006, Bo.Bô is, today, one of the most conceited and luxurious brands in the country. Catering to young women who have their own style, Bo.Bô sells high quality shoes, accessories, clothing and perfumes.

Canali

Shopping Cidade Jardim
3552.1020
www.canali.it

Excelência em moda masculina para o "Made in Italy" especializada em confecção de costumes, paletós, camisas, gravatas e acessórios.

Excellence in men's wear for the "Made in Italy", specialized in the making of suits, jackets, shirts, ties and accessories.

Camila Klein

Alameda Lorena, 1628
2619.4397
www.camilaklein.com.br

Camila Klein é artista plástica e designer de fashion jewelry. Sua preocupação na criação de designs exclusivos a leva a explorar ao máximo as formas, paletas de cores, misturas de materiais e texturas.

Camila Klein is an artist and has been a fashion jewelry designer since 2001. Her concern in creating exclusive designs leads her to explore shapes, color palettes and the mix of materials and textures to the maximum.

Carina Duek

Rua Oscar Freire, 736
3086.1292
www.carinaduek.com.br

Carina Duek busca inspiração em mulheres sofisticadas, contemporâneas e que conseguem imprimir sua personalidade com segurança e estilo. Suas coleções traduzem o jeito cool de mulheres que conquistam seu próprio espaço.

Carina Duek finds her inspiration in the sophisticated and contemporary woman who is able to imprint her personality with self-assurance and style. Their collections translate the cool way from women who conquer their own space.

Capodarte

Rua Oscar Freire, 902
3086.3779
www.capodarte.com.br

Marca de sapatos e acessórios femininos, com design sofisticado e toques artesanais, perfeitas para mulheres exigentes.

Brand of woman's shoes and accessories, with sophisticated design and a crafty touch, made to suit the demanding woman.

Carmim

Rua Oscar Freire, 1007
3088.0559
www.carmim.com.br

Referência da moda brasileira, é conhecida pelo seu excelente jeans e acessórios, com ampla linha de produtos ricos em detalhes. Transmite uma imagem sofisticada e moderna que se identifica com um estilo de vida jovem.

Reference of Brazilian fashion, it is known for its excellent jeans and accessories, with a comprehensive line of highly detailed products.

Chanel

Shopping Iguatemi/JK/ Cidade Jardim
3032.7287/3152.6281/3552.2109
www.chanel.com.br

A butique oferece uma experiência inesquecível, representando luxo, elegância e modernidade. Todos os produtos são criados por Karl Lagerfeld incluindo prêt-à-porter, bolsas, sapatos, acessórios e relógios.

The boutique offers an unforgettable experience, representing luxury, elegance and modernity. All products are created by Karl Lagerfeld, including prêt-à-porter, handbags, shoes, accessories and watches.

Coach

Shopping JK Iguatemi
3071.3932
www.coach.com

Fundada em 1941 em um loft em New York, começou como uma oficina familiar de seis artesãos. Com um compromisso único de artesanato tradicional, inovação e design moderno. Hoje a Coach é um ícone americano.

Founded in 1941, at a loft in New York, it got its start as a family workshop with six artisans. With a sole commitment to tradition, innovation and modern design. Currently, Coach is an American icon.

Chilli Beans

Rua Oscar Freire, 1072
3063.5575
www.chillibeans.com.br

Loja conceito da marca ChilliBeans de óculos escuros e acessórios, com vários projetos inovadores e novas experiências para o consumidor.

Concept store for ChiliBeans brand of sunglasses and accessories, with several innovative projects and new experiences for the consumer.

Corello

Rua Oscar Freire, 935
3061.2115
www.corello.com.br

Fundada em 1964, a Corello é referência em calçados, bolsas e acessórios femininos no Brasil. Suas consumidoras são mulheres dinâmicas, que procuram por design aliado ao conforto.

Founded in 1964, Corello is reference in shoes, handbags and women's accessories in Brazil. The clientele is made of dynamic women who seek comfort and design.

Corpo e Arte

Rua Oscar Freire, 957
3081.1277
www.corpoearte.com.br

No ano de 1994 surge a Corpo e Arte no mercado de roupa íntima brasileira. O charme e a inovação da marca, presentes em peças de puro algodão e modelagens super confortáveis, garantem o bem-estar.

In 1994, Corpo e Arte appears in the Brazilian underwear market. The brand's charm and innovation, offered through pieces made of pure cotton and with confortable fit, ensure your well-being.

Cris Barros

Rua Vitório Fasano, 85
3082.3621
www.crisbarros.com.br

A marca CRIS BARROS é referência no mercado de luxo brasileiro há 10 anos. Está presente em quatro lojas próprias em São Paulo e Rio de Janeiro, nas principais multimarcas de todo o Brasil e também em sua loja online.

CRIS BARROS has been a reference in the Brazilian luxury market for 10 years. They are present in four of their own outlets in São Paulo and Rio de Janeiro, in the main multi-brand shops and also in their online shop.

Crawford

Shopping Cidade Jardim
3152.6320
www.crawford.com.br

Loja masculina que oferece requinte, qualidade e sofisticação que representam o estilo da marca, voltada para homens bem relacionados e clássicos.

Daniele has developed her own style. Her collections stand out by blending the basic and the sophisticated. As a stylist, her mission is to develop timeless and versatile pieces, creating, in this way, its own trends.

Dumond

Rua Oscar Freire, 861
3062.8330
www.dumond.com.br

Marca de sapatos e acessórios femininos, produzidos com um mix perfeito de elementos da moda brasileira.

Brand of woman's shoes and accessories, produced with the perfect mix of elements from the Brazilian fashion.

Diesel

Rua Haddock Lobo, 1573
3061.9873
www.diesel.com

Fundada em 1978 por Renzo Rosso, a Diesel cresceu e se tornou uma marca de estilo único, especialmente pelos jeans. É líder na moda jeans e casual, conhecida por impulsionar tendências no "casual wear".

Founded in 1978 by Renzo Rosso, Diesel has grown into a uniquely styled brand, specially for their jeans. It is a leader in casual and jeans wear, and known for anticipating trends in casual wear.

Ellus

Rua Oscar Freire, 990
3061.2900
www.ellus.com

Marca Premium jeanswear feminina e masculina fundada em 1972. A ELLUS JEANSDELUXE está presente em todo o Brasil e em lojas no exterior.

Premium jeanswear brand men's and women founded in 1972. The ELLUS JEANSDELUXE is present throughout Brazil and overseas stores.

Edy Hardy Brasil

Rua Dr Melo Alves, 453
3081.1404
www.edhardybrasil.com

Ed Hardy São Paulo. A única loja oficial da Ed Hardy no Brasil que oferece produtos da linha masculina, feminina e infantil.

Ed Hardy Sao Paulo. The only official Ed Hardy Store in Brazil offers a lines for men, women and children.

Farm

Shopping Iguatemi/JK Iguatemi
3816.3853/3071.0704
www.farmrio.com.br

Com cores, estampas e muita descontração nasceu no Rio de Janeiro uma marca que iria conquistar o mundo. Coleções bem estudadas com as tendências da moda jovem feminina.

With colors, prints and a relaxed mood, a brand bound to conquer the world was born. Well conceived collections following young women's fashion trends.

Fila Store

Rua Oscar Freire, 1092
3798.9054
www.flla.com.br

Fila nasceu em 1911. Hoje reune o estilo único da marca com a nostalgia retrô dos anos 70, mantendo a qualidade e o acabamento que se encontram em sintonia com a herança italiana.

Fila was founded in 1911. Nowadays, it blends its unique style with the 70's retro nostalgia, keeping the quality and the finishing tuned in with the Italian heritage.

Fruit de la Passion

Alameda Lorena, 1774
3064.3342
www.fruitdelapassion.com.br

Na Fruit de la Passion a lingerie ganha um novo conceito de item de luxo. A cada 20 dias é lançada uma nova coleção, conferindo um acelerado ritmo de novidades e alta variedade de produtos.

At Fruit de la Passion, lingerie gets a new luxury item concept. A new collection is launched every 20 days, ensuring a constant renewal and variety of products.

Forum

Rua Bela Cintra, 2102
3085.6269
www.forum.com.br

A Forum, marca de jeanswear feminino e masculino, apresenta referências da cultura brasileira, com traços urbanos e cosmopolitas. Para um público jovem, moderno e antenado.

Forum, jeans wear brand for men and women, introduces Brazilian culture references, with urban and cosmopolitan traits.

Giorgio Armani

GIORGIO ARMANI

Shopping Cidade-Jardim
3755.0607
www.giorgiarmani.it

A grife Giorgio Armani há três décadas apresenta coleções com peças bem construídas, alfaiataria elegante e trajes de festa para o público feminino e masculino. Os acessórios e perfumes completam a gama de produtos da marca.

For three decades, Giorgio Armani has been introducing collections with well structured pieces, elegant tailoring and party outfits for men and women. Accessories and perfumes complement the array of the brand's products.

Gucci

Shopping Cidade-Jardim
3759.8090/3047.4040/3097.0442
www.gucci.com

Fundada em Florença em 1921, é uma das líderes mundiais em marcas internacionais. Cria, fabrica e distribui produtos de alta qualidade como artigos de couro, calçados, roupas, relógios e jóias.

Founded in Florence, in 1921, it is one of the world leaders in international brands. Creates, makes and distributes high quality products, such as leather articles, shoes, clothing, watches and jewellery.

Hope

Rua Oscar Freire, 791
3062.8757
www.hopelingerie.com.br

A HOPE Lingerie, com 46 anos de história, possui hoje mais de 100 lojas no Brasil e no exterior. Recentemente a marca inaugurou a flagship de 200 m2 na rua Oscar Freire. A loja possui um mix incrível em suas coleções.

HOPE Lingerie, with 46 years of tradition, counts on over 100 outlets across Brazil and abroad. Recently, the brand opened a flagship store on Oscar Freire Street. The outlet offers an incredible mix in its colections.

Hirondelle

Alameda Lorena, 1592
3062.1586
www.hirondelle.com.br

A marca Hirondelle surgiu com o objetivo de atender ao mercado de moda feminina de luxo. Possui uma linha de alfaitaria para mulheres modernas, inteligentes, sofisticadas, de personalidade e que gostam de estar sempre elegantes.

Hirondelle was conceived aiming at catering to the women's luxury fashion market. Counts on its own tailloring for the modern, inteligent and sophisticated women with personality and who enjoy always looking elegant.

Jimmy Choo

Shopping Cidade-Jardim
3552.2052
www.jimmychoo.com

Jimmy Choo fez história produzindo sapatos impecáveis e sob encomenda em seu ateliê no East End, em Londres. Oferece um mix completo de acessórios femininos como bolsas, sapatos, lenços e óculos.

Jimmy Choo has made history producing impeccable and custom made shoes from its East End atelier, in London. Offers full mix of women's accessories such as handbags, shoes, handkerchiefs and shades.

Kate Spade

Rua Bela Cintra, 2182
3081.5721
www.katespade.com.br

Fundada em 1993 com a criação de uma bolsa com design prático, grafismos e cores fortes, hoje oferece uma linha completa de produtos incluindo sapatos, acessórios, bijoux e óculos, além da linha home e papelaria.

Founded in 1993, with the creation of a practical handbag with strong colors and prints, currently offers a full line of products including shoes, accessories, bijoux and glasses, besides the houseware and stationery.

Le Lis Blanc

Rua Oscar Freire, 1119
3083.2549
www.lelis.com.br

Criada em 1988, é direcionada a mulheres modernas e contemporâneas que buscam produtos de luxo, qualidade e sofisticação. A marca traz feminilidade e elegância para atender às mulheres em todos os momentos da sua vida.

Created in 1988, it is geared towards modern and contemporary women who seek luxury, quality and sophistication. The brand brings femininity and elegance to cater to women at their every moment.

Kila Calçados Femininos

Rua da Consolação, 3153
3081.1416
www.kila.com.br

Há anos no mercado com sofisticadas e individuais alternativas em calçados femininos, tanto sob encomenda como pronta entrega. Todos os calçados são confeccionados artesanalmente, o que os torna exclusivos.

For years in the market, offering sophisticated and individualized alternatives in women's shoes, either for immediate delivery or custom made. All shoes are hand crafted, which makes them exclusive pieces.

Lita Mortari

Rua Oscar Freire, 679
3063.1585
www.litamortari.com.br

Marca contemporânea, com foco no mercado premium, feita para mulheres que buscam exclusividade, qualidade e design. Cada peça passa por um controle especial, desde a concepção até o cliente final.

Contemporary brand, geared towards the premium market, made for women seeking exclusivity, quality and design. Each piece goes through a special quality control, from its conception to the end user.

LOOL

Shopping Iguatemi JK
3037.7244
www.lool.com.br

Sob o olhar irreverente de sua idealizadora Luiza Setúbal e de forma minuciosa misturando seu estilo pessoal com a identidade da marca, a Lool reúne marcas nacionais e internacionais de acessórios.

Under the irreverent look of its maker, Luíza Setúbal, accurately mixing her personal style with the brand's identity. Lool gathers national and intenational brands of accessories.

Maison Zank

Rua Haddock Lobo, 1712
3083.3885
www.maisonzank.com.br

Todas as pecas desenvolvidas pela grife contam com desenhos exclusivos e modelagens que priorizam o caimento perfeito, uma das grandes preocupações das consumidoras plus size.

All pieces developed by the brand count on unique designs and modeling that priorizes the perfect fit, a major concern for plus size consumers.

Lu Monteiro

Rua Oscar Freire, 269
3063.3761
www.lumonteiro.com.br

Loja especializada em vestuário de alto padrão.

Shop specialized in high standard clothing.

Marcia Mello

Alameda Lorena, 1626
3064.0689
www.marciamello.com.br

Alegre, forte, moderna, requintada. Essa é a Marcia Mello, uma marca que desde 1996 conversa com a alma feminina e que, por meio de suas criações, faz transparecer o que há de mais belo nas mulheres contemporâneas.

Joyful, strong, modern and refined. This is Marcia Mello, a brand which has been speaking to the female soul since 1996, and shows the most beautiful in contemporary women through its creations.

Max Mara

Rua Haddock Lobo, 1604
3062.0617/3088.3172
www.maxmara.com

Marca italiana de roupas femininas fundada em 1951 pelo ícone da moda na Itália, Achille Maramotti, é um modelo e ponto de referência para a moda italiana e internacional de prêt-à-porter.

Italian brand of women's clothing, established in 1951 by Italian fashion icon Achille Maramotti, is a model and reference for the Italian and international prêt-à-porter fashion.

Miu Miu

Shopping Cidade Jardim
3552.1040
www.miumiu.com

Miu Miu é uma marca de alta costura da moda Prada, inaugurada em 1993 e dirigida por Miuccia Prada. Moderna, avant-garde, provocativa e sofisticada.

Miu Miu is a haute couture brand from Prada, established in 1993 and headed by Miuccia Prada. Modern, avant-garde, provocative and sophisticated.

MAZ BRASIL

Alameda Lorena, 1930
4508.0047
www.mazbrasil.com.br

Coloridas e resistentes, Maz acompanha você em todos os lugares e em cada movimento. Unisex e com numeração que vai do 17 ao 46. Porque sabemos que inspiração não tem sexo e nem idade. Encontre sua trilha.

Colorful and resistant, Maz follows you everywhere in your every move. Unisex with sizes from 17 to 46. Because we know inspiration has no gender and no age. Find your path.

Mixed

Shopping Cidade Jardim
3032.7286
www.mixed.com.br

A Mixed, fundada por Riccy Souza Aranha em 1988, atua no segmento fashion de luxo e veste mulheres contemporâneas, sofisticadas e antenadas, em todos os seus momentos.

Mixed, founded by Riccy Souza Aranha in 1988, is in the luxury fashion segment and dresses contemporary, sophisticated and trendy women, in their every moment.

My Shoes

Rua Oscar Freire, 1035
3061.2839
www.myshoes.com.br

Sempre atenta às últimas tendências de moda, o design arrojado, exclusivo e confortável dos sapatos é cheio de personalidade e atende a uma mulher exigente, moderna e sofisticada.

Always connected to the latest fashion trends, the exclusive design and comfortable shoes are full of personality and are focused on the modern and sophisticated woman.

Otica Ventura

Rua Bela Cintra, 1845
3083.7090
www.oticaventura.com.br

Uma das mais modernas e respeitadas marcas de São Paulo, é um referencial de ótica em todo o Brasil. Mais do que vender óculos, a Ventura quer vender estilo! O conceito fashion e a tecnologia são sua marca registrada.

One of the most modern and respected brands in Sao Paulo, it is a nationwide optician reference. More than selling glasses, Ventura wants to sell style! Fashion concept and technology are their trademark.

Osklen

OSKLEN

Rua Oscar Freire, 647
3083.7977
www.osklen.com

A Osklen se inspira no dinamismo da metrópole e na exuberância da natureza brasileira, unindo sofisticação e despojamento. A marca representa o lifestyle da mulher e do homem contemporâneos.

Osklen finds inspiration in the cosmopolitan dynamics and in the exuberance of the Brazilian nature, with sophistication and detachment. The brand represents the lifestyle of the contemporary man and woman.

Patrícia Bonaldi

Rua Bela Cintra, 1951
3062.5020
www.patriciabonaldi.com.br

Patrícia Bonaldi conquistou a todos por combinar qualidade, originalidade e bom gosto em vestidos de festa. Em 2012 lançou a Pat Bo, marca mais casual, de perfil jovem, mas com a mesma sofisticação.

Patricia Bonaldi won everyone's hearts by combining quality, originality and taste in party dresses. In 2012, she launched the Pat Bo, casual brand with a youthful profile, but still carrying the same sophistication.

Pop Up Store

Rua Oscar Freire, 512
3061.2626
www.popupstore.com.br

A marca dita estilo e comportamento, acompanhando todas as tendências do mundo afora. Tem como conceito principal o Fast Fashion, oferecendo novidades constantes para as clientes.

The brand dictates style and attitude, following trends from around the world. The main Fast Fashion concept constantly brings novelties to clients.

Pretty Ballerinas

Shopping JK Iguatemi
3081.7892
www.prettyballerinas.com

Expert em reinventar um item-chave do guarda-roupa feminino: a sapatilha. A Pretty Ballerinas, marca meio inglesa meio espanhola, consagrou-se graças a um conceito inédito: a versatilidade das icônicas flats.

Specialized in reinventing the flats, Pretty Ballerinas is a half British, half Spanish brand that has become famous because of the variety of styles, colours and materials used to create the ballerinas.

Prada

Shopping Cidade-Jardim
3552.1030
www.prada.com

Marca italiana considerada um símbolo de luxo e status. A busca por materiais raros e técnicas de fabricação sofisticados faz parte do DNA da Prada.

Italian brand considered symbol of luxury and status. The search for rare materials and sophisticated production techniques is part of Prada's DNA.

Ricardo Almeida

Rua Bela Cintra, 2093
3887.4114
Shopping Iguatemi
3812.6947
www.ricardoalmeida.com.br

Ricardo Almeida é uma das principais marcas de moda masculina no Brasil. A modelagem equilibrada aliada a tecidos importados de renomadas tecelagens italianas veste o homem para o dia e para a noite.

Ricardo Almeida is one of the chief brands in Brazilian men's wear. The balance cut allied to imported fabric by renowned Italian suppliers dresses men for night and day.

Richard's

Rua Oscar Freire, 1129
3062.6784
www.richards.com.br

Fundada em 1974, a marca está solidamente estabelecida com seu estilo casual e confortável. Corresponde ao modo de agir e pensar, a filosofia do estar, que define a visão de mundo e de comportamento.

Founded in 1974, the brand has a firm foothold with its casual and confortable style. It matches the way of thinking and acting, the philosophy of being which defines one's view of the world and behaviour.

Santa Lolla

Rua Oscar Freire, 1053
3062.6263
www.santalolla.com.br

Santa Lolla constrói sonhos para mulheres que sabem que um bom sapato faz toda a diferença e que amam sapatos de alta qualidade, tanto para trabalhar como nas horas de lazer.

Santa Lolla builds dreams for women who know that good shoes make all the difference and for those who love high quality shoes, both for work and leisure.

SAAD

Rua Haddock Lobo, 1545
3081.1299
www.saad.ind.br

Marca de moda feminina que propõe uma essência de vanguarda fashion, inspirada em mulheres com estilo de vida dinâmico, e que antecipa um sentido genuíno para a moda brasileira em seu contexto urbano e cultural.

Women's clothing brand that offers fashion vanguard essence, inspired by women with a dynamic lifestyle. They anticipate a genuine feeling for the Brazilian fashion in its urban and cultural context.

Sara Chofakian

Alameda Lorena, 1616
3081.3164
www.sarahchofakian.com.br

Criada para agradar mulheres contemporâneas, autênticas e ativas, que preferem usar um par de sapatos especial para enfrentar as mais diversas ocasiões sem abrir mão da elegância.

Created to please contemporary, authentic and active women who would rather wear a special pair of shoes for the most varied occasions, without letting go of their elegance.

Sergio K

Rua Oscar Freire, 1143
3083.1789
www.sergiok.com.br

Em 2004, começou sua trajetória com sapatos feitos à mão. O sucesso foi tamanho que partiu para confecção de roupas. Hoje é referência da moda masculina no Brasil.

In 2004, it started its trajectory with hand made shoes. It was so successful, they started making clothes. Currently it is a fashion reference in Brazilian men's wear.

Siberian

Rua Oscar Freire, 835
3086.2109
www.siberian.com.br

Para homens e mulheres independentes, que prezam o conforto, qualidade e elegância na hora de se vestir.

For independent men and women, who appreciate comfort, quality and elegance when it comes to clothing.

Shoulder

Rua Oscar Freire, 819
3086.4744
www.shoulder.com.br

Referência em feminilidade e versatilidade, a Shoulder oferece o que a mulher real mais gosta: roupas versáteis e de muito bom gosto.

Reference in femininity and versatility, Shoulder offers what real women like the most: versatile clothing with a lot of good taste.

Side Walk

Rua Augusta, 2751
3064.7374
www.sidewalk.com.br

Moda unissex com um mix de produtos variados em vestuário, calçados e acessórios com identidade própria.

Unisex fashion, with a mix of a selection of products in clothing, shoes and accessories with an identity of their own.

Spezzato

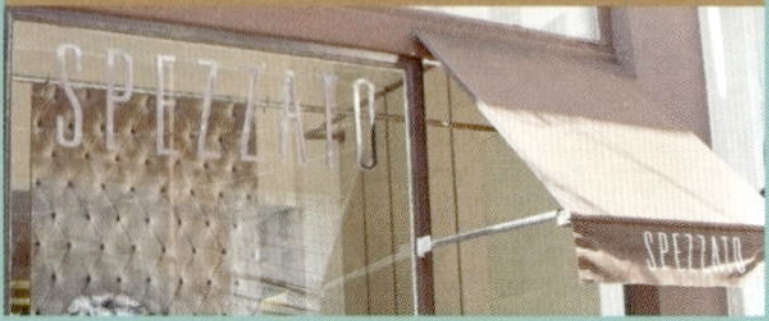

Rua Bela Cintra, 2151
3061.9433
www.spezzato.com.br

Marca fundada em 1986 pelas sócias Andréa Chammas Kurbhi e Roberta Nahas, com espírito inovador, que oferece moda feminina e moda teen.

Brand founded in 1986 by partners Andrèa Chammas Kurbhi and Roberta Nahas, with innovative spirit, catering to women's and teen fashion.

The Jeans Boutique

Rua Oscar Freire, 784
3062.0323
www.thejeansboutique.com.br

The jeans boutique - rede nacional especializada em jeans multimarcas.

The jeans boutique - national chain specialized in multi-brand jeans.

Swarovski

Shopping Iguatemi, 2232
3816.7111
www.swarovski.com

Líder em lapidação de cristais, a Swarovski revoluciona a moda desde sua fundação, em 1895. Mostrando sua criatividade inata, os acessórios e peças de decoração Swarovski adicionam brilho ao dia-a-dia das pessoas.

Leader in crystal manufacturing, Swarovski has been revolutionizing fashion ever since its foundation, in 1895. Showing their innate creativity, the Swarovski accessories and decoration pieces add shine to people's day-to-day life.

Timberland

Rua Oscar Freire, 1116
3898.2687
www.timberland.com.br

A Timberland é uma marca americana voltada para o público masculino. Encontra-se na Oscar Freire há 14 anos, oferecendo calçados e confecções da linha Outdoor, calçados infantis e femininos.

Timberland is an American brand geared towards men. It's been on Oscar Freire for 14 years, offering shoes and the Outdoor collection, as well as kid's and women's shoes.

Tng

Rua Augusta, 2598
3061.0598
www.tng.com.br

Moda democrática, irreverente e de atitude. São palavras que definem a tng. A marca é famosa por sua linha de jeanswear e tradição de uma ótima alfaiataria a preços acessíveis.

Democratic fashion, irreverent and with an attitude. Those are the words that best define tng. The brand is renowned for their jeans wear collection and for their tradition as great tailoring at affordable prices.

Triton

Rua Oscar Freire, 993
3085.9089
www.triton.com.br

Criada em 1975, a Triton é uma marca contemporânea com pilares sólidos baseados em 3 pontos fundamentais: moda, comportamento e atitude.

Founded in 1975, Triton is a contemporary brand with solid pillars based on 3 fundamental points: fashion, behavior and attitude.

Topshop/Topman

Shopping JK Iguatemi
3152.6002
www.facebook.com/topshopbrazil

Reconhecidas mundialmente como autoridades fashion, a TOPSHOP e a TOPMAN são marcas britânicas para homens e mulheres antenados em estilo.

Worldly renowned as fashion authorities, TOPSHOP and TOPMAN are British brands for the men and women tuned in with style.

Tufi Duek

Rua Oscar Freire, 916
3085.6269
www.tufiduek.com.br

A Tufi Duek apresenta coleções sofisticadas para o público feminino, sempre com ótimo design e excelente qualidade. Traz também peças exclusivas, desenvolvidas especialmente para ocasiões especiais.

Tufi Duek brings sophisticated collections for the feminine public, always with great design and excellent quality. They also bring exclusive pieces, specifically designed for special occasions.

Uma

Rua Barão de Capanema, 551
2476.7060
www.uma.com.br

Possui um estilo independente, atemporal e dinâmico que valoriza a diferenciação, o personalismo e o conforto. Com peças exclusivas que variam e misturam a sofisticação da alfaiataria com o despojamento do sportswear.

They have an independent, timeless and dynamic style which stresses the different, the personal and the comfortable. Offers exclusive pieces which mix and match the sophistication of tailoring and the detachment of sportswear.

VR Menswear

Rua Oscar Freire, 697
3083.6063
www.vrsaopaulo.com.br

Moda masculina para todos os momentos do homem urbano – do casual à alfaiataria, a marca se especializou em reunir a melhor matéria-prima em produtos atualizados, sugerindo uma nova forma de vestir.

Men's wear for all the moments of the urban man - from casual to tailor made, the brand has specialized in putting together the best raw materials in up-to-date products, suggesting a new way of getting dressed.

Vilebrequin

Shopping Iguatemi
3323.3555
www.vilebrequin.com.br

Nascida em St. Tropez em 1970, a Vilebrequin inova com o conceito Tal Pai, Tal Filho com suas famosas bermudas estampadas. Para completar o estilo francês, camisas de linho disponíveis em mais de 10 cores.

Founded in St. tropez in 1970' Vilebrequin innovates with the concept Like Father, Like Son with their famous bermuda shorts with prints. To complement the French style, linen shirts are available in over 10 colors.

World Tennis Classic

Rua Oscar Freire, 687
2769.7812
www.wtclassic.com.br

World Tennis Classic é uma rede especializada em calçado e moda esportiva.

World Tennis Classic is a chain devoted to shoes and sports wear.

ZEFERINO

Rua Oscar Freire, 924
3064.1006
www.zeferino.com.br

Zeferino é uma marca para mulheres sofisticadas com paixão por sapatos e acessórios diferenciados, que valorizam um produto exclusivo, feito por artesãos com técnicas e conceitos europeus.

Zeferino is a brand for the sophisticated woman, passionate for distinct shoes and accessories and who can appreciate an exclusive products. Made by artisans with European techniques and concepts.

Bottega Veneta

BOTTEGA VENETA

Shopping JK Iguatemi
3047.5757
www.botegavenetta.com

Famosa grife italiana que traz acessórios, incluindo bolsas masculinas e femininas.

Famosa grife italiana que traz acessórios, incluindo bolsas masculinas e femininas.

Alexandre de Paris

Shopping Iguatemi / Cidade Jardim
3097.0942 / 3552.2900
www.alexandredeparis.com.br

Sofisticada marca de acessórios franceses.

Sophisticated brand of French accessories.

Carolina Herrera

Shopping Cidade Jardim
3552.7777/3152.6287
www.carolinaherrera.com

Representa um universo de elegância, estilo e conforto para mulheres.

Represents a universe of elegance, style and comfort for women.

Atelier Luiza Pannunzio

Rua Augusta, 2690
3082.3821
www.luizapannunzio.com

Estilista e ilustradora que produz doçuras cotidianas para vestir.

Stylist and illustrator who makes day-to-day wearable eyecandy.

Constança Basto

Shopping Cidade Jardim
3758.2694
www.constancabasto.com

Marca de sapatos que integram conforto e design com alto padrão.

Brand of shoes which blend comfort and design with high standard.

Daniele Mabe

Shopping Cidade Jardim
3152.6320
www.danielemabe.com.br

As coleções se destacam por unir o básico ao sofisticado.

The brand stands out by blending basic and the sophisticated style.

Emilio Pucci

Shopping Cidade Jardim
3152.6320
www.emiliopucci.com

Marca italiana conhecida por suas icônicas estampas.

Italian brand renowned for its iconic prints.

Diferenza Bijoux

Alameda Franca, 1332
3061.3437
www.diferenza.com.br

Agrega diferentes valores e referências às suas criações de acessórios.

Accessories put together with different values and references.

Ermenegildo Zegna

Shopping Iguatemi
3031.4771/3552.4102/3152.6633
www.zegna.com

Líder mundial em roupas masculinas de luxo.

World leader in luxury men's wear.

Doc Dog

Rua Bela Cintra, 2108
3081.3089
www.docdog.com.br

Moda casual para homens e mulheres.

Casual fashion for men and women.

Eurico Max

Rua Oscar Freire, 550
3061.3050
www.euricomax.com.br

Calçados grandes- femininos do 40 ao 43 e masculinos do 44 ao 48.

Big Shoes - Women's 40-43 and Men's 44-48.

Dolce & Gabbana

Shopping Cidade Jardim
3152.6230
www.dolcegabbana.com

Fundada em 1985, oferece no Brasil artigos femininos e masculinos.

Founded in 1985, offers men's and women's articles in Brazil.

Francesca Giobbi

Alameda Lorena, 1646
3063.0161
www.francescagiobbi.com.br

Designer cria sapatos feitos à mão com materiais exclusivos.

Designer creates handmade shoes using unique materials.

Fendi

Shopping Cidade Jardim
3552.3557
www.francescaromanadiana.com.br

Marca italiana que oferece produtos masculinos e femininos, abriu sua primeira loja propria no Brasil em junho 2013.

Italian brand that offers products for men and women opens its first freestanding store in june 2013 in Brazil.

Francesca Romana Diana

Shopping Iguatemi/Cidade Jardim
3031.5016 / 3552.3010
www.francescaromanadiana.com.br

Bijuteria que combina a elegância italiana com o colorido do Rio.

Bijoux which mashes together the Italian elegance and the colors of Rio.

Gloria Coelho

Rua Bela Cintra, 2173
3083.1079
www.gloriacoelho.com.br

Moda feminina brasileira de vanguarda, com muito estilo.

Brazilian of style with an edge.

Hermès

Shopping Cidade Jardim
3552.4500
www.hugoboss.com

Tradicional marca francesa que oferece acessórios e calçados feminino e masculino.

Very Traditional French brand that offers accessories and shoes for men and women .

Hugo Boss

Shopping JK Iguatemi
3152.6610
www.hugoboss.com

Marca masculina alemã criada em 1923.

German men's brand founded in 1923.

Huis Clos

Rua Oscar Freire, 1105
3062.0140
www.huisclos.com.br

Fundada pela estilista Clô Orozco, oferece produtos com tecidos nobres.

Founded by stylist Clô Orozco, offers products made with noble fabrics.

Iódice

Rua Oscar Freire, 940
3085.9310
www.iodice.com.br

Moda feminina que possui linhas do casual ao prêt-à-porter.

Women's fashion with collections that range from the casual to prêt-à-porter.

John John

Rua Oscar Freire, 789
3061.9906
www.johnjohndenim.com.br

Marca de jeans Premium feminino e masculino.

Men's and women's premium jeans brand.

Lacoste

Rua Oscar Freire, 1107
3083.2400
www.lacoste.com

Marca francesa conhecida por suas camisas polos.

French brand known for its polo shirts.

Lenny

Rua Sarandi, 98
3798.2044
www.lenny.com.br

Marca carioca de biquinis, maiôs e acessórios.

Carioca brand of bikinis, bathing suits and accessories.

Louis Vuitton

Rua Haddock Lobo, 1587
Shopping Iguatemi
3060.5099
Shopping Cidade Jardim
3017.5371
www.louisvuitton.com

Louis Vuitton é sinônimo de um mundo de elegância.

Louis Vuitton is synonymous of a world of elegance.

Mammy Gestante

Shopping Iguatemi
3812.2010
www.mammygestante.com.br

Loja especializada em roupas para gestante.

Shop specialized in clothing for expecting moms.

Maria Bonita Extra

Rua Oscar Freire, 705
3063.3609
www.mariabonitaextra.com.br

A Maria Bonita Extra é para quem não abre mão da elegância e da feminilidade.

Maria Bonita Extra is for those who won't give up their elegance and femininity

Marisa Ribeiro

Rua Oscar Freire, 1182
3088.6750
www.marisaribeiro.com.br

A marca Marisa Ribeiro apresentou ao mercado sua proposta de tricôs com fios especiais.

Marisa Ribeiro introduced in the market its proposal of pieces knitted with special yarns.

Martha Medeiros

Rua Dr. Melo Alves, 287
3062.7907
www.marthamedeiros.com.br

Tramas feitas à mão com muita beleza e originalidade.

Hand made weaving, with lots of beauty and originality.

MOB

Alameda dos Arapanés, 1269
5542.4585
www.mobonline.com.br

Desde 1986, uma moda versátil, casual, jovem e feminina.

Since 1986 a young casual women s fashion.

Noir Le Lis

Rua Bela Cintra, 2305
3061.0047
www.lelisblanc.com.br/noir

Marca masculina que oferece do underwear ao smoking.

Men's wear offering everything from underwear to tuxedos.

Oma Tees

Rua Oscar Freire, 45
3083.5391
www.omatees.com.br

Camisetas customizados com muito estilo.

Customized t-shirts with an edgy style.

Óticas Wanny

Rua Oscar Freire, 853
3064.5119
www.oticaswanny.com.br

Ótica especializada em mercadorias de luxo e qualidade.

Optician specialized in luxury and quality merchandise.

Paula Torres

Shopping JK
3152.6650
www.paulatorres.com.br

As coleções de sapatos são feitas à mão, atemporais e democráticas.

Hand made shoe collection, timeless and democratic.

Princess

Rua Oscar Freire, 970
3083.4800
www.princessprincess.com.br

Marca de roupas e acessórios para a mulher com estilo, ousada e romântica.

Brand of clothing and accessories made for the woman with style, who's daring and romantic.

Raphael Falci

Shopping Iguatemi
3031.4270
www.raphaelfalci.com

Designer de semi jóias que mistura o clássico com elementos rockers.

Semi-jewel designer, which mixes classic and rocker elements.

Red Valentino

Shopping Cidade Jardim
3274.7890

Linha jovem da marca Valentino.

Valentino's young fashion brand.

Reinaldo Lourenço

Rua Bela Cintra, 2167
3085.8150
www.reinaldolourenco.com

"A mulher que veste minhas roupas é contemporânea, gosta de moda e design e tem prazer em se vestir."

The woman who wears my clothes is contemporary, likes fashion and design and takes pleasure from dressing well."

Rose Benedetti

Shopping Iguatemi
3814.6913
www.rosebenedetti.com.br

Rose Benedetti cria com exclusividade acessórios como bolsas, xales, cintos e chapéus.

Rose Benedetti creates exclusive accessories such as bags, scarves, belts and hats.

Salvatore Ferragamo

Rua Haddock Lobo, 1583
3081.5324
www.ferragamo.com

Marca italiana que produz calçados, vestuário e acessórios.

Italian brand producer of shoes, clothing and accessories.

Serpui Marie

Alameda Jaú, 1844
3873.3095
www.serpuimarie.com

Com design único e criativo a marca faz acessórios com elegância.

Elegant accessories, made with unique and creative design.

Têca/Helô

Alameda Franca, 1342
3085.4476
www.tecateca.com.br

Marca feminina de roupas e acessórios da estilista Helô Rocha.

Women's clothing and accessory brand by stylist Helô Rocha

Thais Gusmao

Rua Augusta, 2690
3062-.1037
www.thaisgusmao.com.br

Criada em 1996, tem em seus produtos de underwear ousadia e sofisticação.

Created in 1996, offers bold and sophisticated underwear products.

Thelure

Shopping Iguatemi, 2232
3811.9974/3811.9976
www.thelure.com.br

Além da etiqueta que dá nome à grife, a loja traz também a linha Premium.

Besides the tag which lends its name to the brand, the shop also carries the Premium collection.

Valentino

Shopping Cidade Jardim
3274.6090
www.valentino.com

Fundada em 1960 apresenta uma versão inusitada de feminilidade e elegancia.

Founded in 1960, it introduces an unexpected version of femininity and elegance.

ZAPÄLLA

Shopping Cidade-Jardim
3552.3110
www.zapalla.com.br

Marca para homens modernos de roupas e acessórios.

Brand of clothing and accessories for modern men.

Emar Batalha

O colorido precioso das jóias da designer Emar Batalha faz do número 2.028 da Alameda Lorena um dos ícones da joalheria brasileira, no bairro mais fashionista de São Paulo. Um patchwork de cores tornam únicas suas criações.

The colorful precious jewels of the designer Emar Batalha turned their flagship store at Alameda Lorena one of the icons of Brazilian identity, on the heart of the fashionable neighborhood of São Paulo.

Alameda Lorena, 2028
3081.4529 | www.emarbatalha.com.br

Jack Vartanian

Com estilo único que une tradição com design cool e sofisticado, Jack Vartanian faz de suas jóias verdadeiros objetos de desejo. O resultado são peças atemporais para todas as ocasiões.

With a unique style that combines tradition and sophisticated design, Jack Vartanian makes his jewels true objects of desire. The result are timeless pieces for all occasions.

Rua Bela Cintra, 2175 - 3061.5738
Shopping Iguatemi - 3097.8693 | www.jackvartanian.com

H.Stern

Rua Oscar Freire, 650
3068.8082
www.hstern.com.br

Fundada no Rio de Janeiro em 1945, a H.Stern é uma joalheria de prestígio mundial, presente em 32 países. A marca domina cada detalhe da produção artesanal de suas jóias, conhecidas por design e qualidade únicos.

Founded in Rio de Janeiro, in 1945, H.Stern is a prestigious jewelry house, present in 32 countries. The involvement in every detail of the production of its jewels is unmatched, as it is their commitment to high style.

Joalheria Pandora

Rua Oscar Freire, 809
3081.3301
www.pandorajoias.com.br

Desde 1982, a marca dinamarquesa possui jóias acabadas à mão com um design exclusivo e o conceito pioneiro de jóias colecionáveis que eternizam os momentos inesquecíveis de cada mulher.

Since 1982, the Danish brand offers hand finished jewels with exclusive design and pioneering concept, which bring back those unforgettable moments to every woman.

Jaeger-Le Coultre

Shopping JK Iguatemi
3152.6640
www.jaeger-lecoultre.com

Uma das principais e mais consagradas marcas de relojoaria suíça. O espaço da nova butique é privilegiado para todos os colecionadores e amantes da alta relojoaria.

One of the chief and most renowned brands in Swiss watch making. The space is a privilege to be enjoyed by the collectors and lovers of high standard watches.

Amsterdam Sauer

Shopping Iguatemi
3816.6224
www.amsterdamsauer.com.br

Alta joalheria com design premiado internacionalmente.

High style jewellery with internationally awarded design.

Ana Rocha & Appolinário

Shopping Cidade Jardim
3552.5555/5557
www.anarochaeappolinario.com.br

Atelier sofisticado de jóias das designers Anna Rocha e Ana Appolinario.

Sophisticated atelier of jewels from designers Anna Rocha and Ana Appolinario.

Ara Vartanian

Shopping Cidade Jardim
3044.0133
www.aravartanian.com.br

O designer desafia olhares ao usar pedras raras em jóias.

Gemstones in the jewelry are a brave statement in the designer's work.

Bvlgari

Shopping JK Iguatemi
3152.6446. Bulgari.com

Fundada em Roma em 1884 como uma butique de jóias exclusivas. No Brasil também vende bolsas e acessórios em couro.

Founded in Rome in 1884 as an exclusive jewellery boutique. In Brazil, they also carry leather handbags and accessories.

Cartier

Shopping Cidade Jardim
3759.3240
www.cartier.com.br

Criações de jóias e relógios, símbolos de qualidade e elegância.

French brand , creating jewelries and watches, symbols of quality and elegance.

Guerreiro

Rua Oscar Freire, 727
3088.8922
www.guerreiro.com

Guerreiro lança jóias conceituais em prata para mulheres e homens.

Guerreiro launches concept stores for men's and women's silver pieces.

Grifith

Shopping Cidade Jardim
3552.2828
www.grifth.com.br

Cria jóias que são verdadeiras obras de arte.

Creation of real pieces of art in the form of jewellery.

Atelier Marco Apollonio

Rua Oscar Freire, 2234
3081.6370
ateliermarcoapollonio.blogspot.com.br

Dryzun

Shopping Iguatemi/JK Iguatemi
3811.4100/3017.0900
www.dryzun.com.br

I.W.C.

Shopping JK Iguatemi
3152.6610
www.iwc.com.br

Panerai

Shopping JK Iguatemi
3152.6620
www.panerai.com

Silvia Furmanovich

Shopping Cidade Jardim/JK
3552.1460/3152.6200
www.silviafurmanovich.com.br

Tag Heuer

Shopping JK Iguatemi
3552.1888
www.tagheuer.com

Tiffany & Co.

Shopping Iguatemi/Cidade Jardim
3815.7000/3552.5200
www.tiffany.com

Top Internacional

Rua Oscar Freire, 979
2122.6090
www.topinternacional.com.br

Importação e distribuição de produtos internacionais de grifes sofisticadas em perfumaria, maquiagem, tratamento e acessórios. A primeira loja M.A.C, com conceito 'store in store', em São Paulo, localiza-se dentro da Top.

Import and distribution of international products by sophisticated brands in perfume, make-up, treatments and accessories. The first M.A.C. outlet with a "store-in-store" concept, in Sao Paulo; it's located inside Top.

Sephora

Shopping JK Iguatemi
3152.6692
www.sephora.com.br

A Sephora é a maior e mais visionária rede de produtos de beleza do mundo, fundada na França em 1970. Oferece uma infinita variedade de produtos de beleza das melhores e mais desejadas marcas.

Sephora is the largest and most visionary beauty product chain in the world, founded in France, in 1970. Offers an infinite variety of beauty products by the best and most coveted brands.

Caléche Haute Parfumerie

Shopping Iguatemi
3813.5662
www.calecheperfumes.com.br

Perfumaria tradicional que comercializa produtos de tratamento de beleza.

Traditional perfumerie which sells beauty treatment products.

Clinique

Shopping Iguatemi
3816.2064
www.clinique.com.br

Desde 1968 desenvolvendo produtos eficazes para todos os tipos de pele.

Since 1968 developing effective products for all skin types.

Kielh's

Shopping Iguatemi
3031.1633
www.kielhs.com.br

Oferece produtos para a pele, cabelo e corpo de mulheres e homens.

Supplies products for the skin, hair and body of men and women.

L'OCCITANE

Rua Oscar Freire, 731
3061.8586
www.loccitane.com

Oferece produtos naturais e autênticos.

Offers natural and authentic products.

Entreposto

Instalada num casarão da década de 1940, a marca tornou-se referência em "décor". Os tecidos exclusivos são o principal destaque das coleções, somando mais de 800 padronagens.

Established at a 1940's Mansion, the brand has become reference in décor. Exclusive fabrics are the chief feature of the collections, adding up to over 800 patterns of prints.

Avenida Cidade Jardim, 187
2189.0000 | www.entreposto.com.br

By Kamy

A By Kamy consolidou a marca como a principal grife de tapetes do país através de um trabalho sólido, destinado às pesquisas de novas técnicas, materiais, ideias, cores e texturas.

By Kamy has establish its name as the main carpet brand in the country through solid work, devoted to the research of new techniques, materials, ideas, colors and textures.

Alameda Gabriel Monteiro da Silva, 1147
3081.1266 | www.tapetes.com

Ornare

Com móveis e armários sofisticados feitos sob medida com alta tecnologia e qualidade, a Ornare oferece soluções para a casa inteira, preservando o estilo e a individualidade do cliente.

With sophisticated high-tech custom made furniture and closets, Ornare offers solutions for the whole house, maintaining every clients' style and personality.

Alameda Gabriel Monteiro da Silva, 1101
3065.6622 | www.ornare.com.br

Esther Giobbi

Seu estilo é contemporâneo, com referências clássicas aos anos 40, obras de arte e design atuais, com pitadas étnicas. Luxo sutil. Sua loja representa no Brasil as famosas marcas francesas, entre elas Quintessence e Lamp Berger.

Its style is contemporary, with classic 40s references, works of art and current designs, with an ethnic pinch. Subtle luxury. The shop in Brazil carries famous French brands, among them, Quintessence and Lamp Berger.

Shopping Iguatemi
3034.0884 | www.esthergiobbi.com.br

Loja & Galeria do Bispo

Loja e Galeria do Bispo: aqui tem o presente para quem tem tudo.

Shop and Gallery of the Bishop: here is the gift for those who have everything.

Rua Dr. Melo Alves, 348
3064.8673 | www.lojadobispo.com.br

Blue Gardênia

Alameda Lorena, 1986
3881.7747
www.bluegardenia.com.br

Referência nos mercados de rouparia da casa, aromas, objetos de decoração e movelaria para um público que aprecia alta qualidade, bom gosto e fino acabamento. Transmite uma aura de sofisticação, refinamento e beleza.

Reference in the housewear, perfumerie, décor and furniture for a public which appreciates high quality, good taste and detailed finishing. Conveys an aura of sophistication, refinement and beauty.

Galeria Romero Britto

Rua Oscar Freire, 562
3062.7350
www.britto.com.br

A Galeria Romero Britto democratizou a arte desse artista internacionalmente aclamado, mostrando ao público um pouco da história de sua vida e de suas obras através da exposição e vendas no mesmo local.

The Romero Britto Gallery democratized this art internationally acclaimed artist, showing to the audience a part of the history of his life and his works through the exhibition and sale at the same location.

Cecilia Dale

Rua Dr. Melo Alves, 513
3372.3900
www.ceciliadale.com.br

Há mais de 30 anos oferecendo bom gosto e exclusividade para decorar e mobiliar sua casa, além de ideias super inovadoras de presentes e enfeites natalinos.

Offering great taste and exclusive items for interior decoration for over 30 years, as well as inovative gifts and Christmas decorations.

Juliana Benfatti

Rua Sampaio Vital, 786
3083.7858
www.julianabenfatti.com.br

Com peças do século XVIII aos dias de hoje, o acervo reúne antiguidades e excentricidades, que refletem a busca pelo o que está "acontecendo" em termos de estilo e elegância mundo afora.

With pieces that range from the XVIII century to the present day, the collection gathers antiques and eccentricities which reflect what is "happening" in terms of style and elegance the world over.

Leica Store

Shopping Cidade Jardim
3758.3609
www.leica-store.com.br

A primeira LEICA STORE da América Latina, em São Paulo, trabalha exclusivamente com equipamentos LEICA, reconhecida pela qualidade de suas lentes, pelo design perfeito, e considerada a marca fotográfica favorita entre os mais renomados fotógrafos de todo o mundo.

The first LEICA STORE in Latin America, in Sao Paulo, caters exclusively to LEICA equipment, famous for its quality lenses, perfect design and seen as the favorite brand among the most renowned photographers all over the world.

Marlene

Rua Oscar Freire, 673
3083.6991
www.portalmarlene.com.br

A Marlene é uma empresa especializada em cama, mesa, banho e home wear. Em sintonia com o mundo, traz novas tendências de moda e de decoração, agregando qualidade e estilo a cada item de suas coleções.

Marlene is company specialized in linen for the bedroom, dining, bath and home wear. In tune with the world, brings new fashion and décor trends, putting style and quallity in every item of their collections.

Le Paquet

Rua Oscar Freire, 937
3062.1510
www.lepaquet.com.br

Onde você encontra kits e objetos para escritório, relógios, canetas, canivetes, jogos, gadgets, entre outros, além de uma seção só de pacotes com papéis, caixas e fitas.

Where you can find office supplies, watches, pens, penknives, games, gadgets, among others, besides a whole section dedicated to gift wrapping, boxes and ribbons.

Mi Casa

Rua Estados Unidos, 2109
3088.1238
www.micasa.com.br

Unindo design, arquitetura e arte contemporânea, está instalada desde 2004 nos Jardins. Atua no mercado desde 1998 e representa o melhor do design nacional e internacional, priorizando um atendimento personalizado.

Gathering design, architecture and contemporary art, it has been located in the Jardins since 2004. They have been in the market since 1998 and represent the best in national and international design, priorzing customized service.

Mundo do Enxoval

Rua Augusta, 2792
3064.1315
www.mundodoenxoval.com.br

O Mundo do Enxoval possui variedade de jogos de lençóis, mantas e cobertores, toalhas com diferentes cores e tamanhos especiais, serviços exclusivos e customizados de roupa de cama, banho e acessórios para casa.

Mundo do Enxoval offers a wide variety in bedding, spreads and blankets, towels with different colors and special sizes, exclusive and customized services for the bedroom, bathroom and home accessories.

Spicy

Spicy

Rua Haddock Lobo, 746
3062.8377
www.spicy.com.br

Desde 1996 no mercado, a Spicy, é hoje uma consagrada grife de utensílios para cozinha, mesa e bar, conhecida por trazer para o Brasil as marcas mais importantes do mundo no segmento.

Since 1996 in the market, Spicy is today a famous brand in utensils for the kitchen, dining and bars. It is known for bringing to Brazil the most important brands in the segment.

Paper House

Rua Oscar Freire, 281
3082.4022
www.paperhouse.com.br

A loja oferece o que existe de melhor em artigos de papelaria personalizada e presentes de design. É possível encontrar relógios, conjuntos para escritório, jogos, cadernos, álbuns, canetas e produtos diferenciados.

A loja oferece o que existe de melhor em artigos de papelaria personalizada e presentes de design. É possível encontrar relógios, conjuntos para escritório, jogos, cadernos, álbuns, canetas e produtos diferenciados.

Tania Bulhões

Rua Colômbia, 182
3087.0090
www.taniabulhoes.com.br

Tania Bulhões tornou-se referência no mercado. Uma marca brasileira onde tudo - desde perfumarias, móveis, louças, pratarias, cristais até linhos e algodões - leva a exclusividade do desenho da artista e um toque especial para sua casa.

Tania Bulhões has become reference in the market. A Brazilian brand where everything - from perfumery, furniture, kitchenware, silverware, crystals to linen and cotton - carries the exclusive artist's design and add that special touch to your home.

Zwilling J.A. Henckels

Rua Oscar Freire, 578
3087.3730
www.zwilling.com.br

Uma das empresas mais antigas do mundo e sinônimo de alta qualidade e funcionalidade. Uma empresa moderna que utiliza técnicas inovadoras na fabricação de seus produtos.

One of the oldest brands in the world and synonymous with high quality and functionality. A modern company that uses innovative techniques to manufacture its products.

Armando Cerello

Al. Gabriel Monteio da Silva, 1264
3085.3400
www.armandocerello.com.br

Referência na fabricação de móveis com madeiras certificadas.

Reference in sustainable furniture design.

Bang&Olufsen

Rua Bela Cintra, 2122
3082.8277
www.lojabang.com.br

Desde 1925 tem sido sinônimo de arte da acústica perfeita.

Since 1925, it has been synonymous with the art of perfect acoustics.

Casa 8

Rua Bela Cintra, 1787
3061.3600
www.casa8.com.br

A Casa 8 oferece objetos de decoração para escritório.

Everything for office decor.

Firma Casa

Al. Gabriel Monteio da Silva, 1487
3385.9595
www.flrmacasa.com.br

A loja segue seu DNA "mix and match": tudo é diferente e tudo combina.

Following its mix and match DNA, where everything is different and everything goes together.

Iplace

Shopping Cidade Jardim
3552.3636
www.lojaiplace.com.br

Uma Apple Premium Reseller, que são experts independentes locais para iPod e Mac.

Apple Premium Resseler, local independent experts in iPod and Mac.

Lazer e Cultura

Museu Casa Brasileira (MCB)

O Museu da Casa Brasileira (MCB), uma instituição da Secretaria de Estado da Cultura de São Paulo, é especializado na cultura material da casa brasileira, em arquitetura e design, atuando como uma referência nacional e internacional nesses temas.

The Museu da Casa Brasileira (MCB), an institution of the Secretary of Culture of the State of Sao Paulo, is especialized in the material culture of the Brazilian household, in architecture and design, acting as a national and international reference on these themes.

Avenida Brigadeiro Faria Lima, 2705
3032.2564 | www.mcb.org.br

Museu de Arte Moderna de São Paulo (MAM)

Localizado no Parque do Ibirapuera, sempre com ótimas exposições, tem um acervo com cerca de 5.000 obras de célebres artistas brasileiros e internacionais. Tem biblioteca, loja divertida e um gostoso restaurante, além de estar rodeado por uma área verde.

Located in the Ibirapuera Park, always showcasing great exhibits, it has a collection of 5,000 works by Brazilian and international artists. It also has a library, a fun shop and a delightful restaurant, besides being in a location surrounded by a green scenery.

Parque do Ibirapuera, Portão 3
5085.1300

Museu de Arte São Paulo (MASP)

Maior museu da América Latina, prédio que é um dos principais cartões postais da cidade. Acervo com 8.000 obras catalogadas e 2.000 obras ainda não catalogadas. O museu também oferece peças de teatro, apresentações musicais, cursos, palestras e atividades para crianças e toda a família. Conta com o restaurante, loja e café no local.

The largest Museum in Latin America, whose building is one of the town's main postcards. Collection of 8,000 registered pieces and 2,00 pieces yet to be catalogued. The museum also offers theatrical plays, musical presentations, courses, lectures, and activities for children and all the family. It also has a restaurant, shop and coffee house.

Avenida Paulista, 1578 - Bela Vista
3251.5644 | www.masp.art.br

Museu do Ipiranga

Inaugurado em 1895 é o mais antigo museu de São Paulo. Local onde teria ocorrido o "Grito da Independência". A instituição conta com um acervo de 150 mil itens, abrangendo coleções de objetos, iconografia e documentação impressa e manuscrita.

Opened in 1895 is the oldest museum in Sao Paulo. The building, besides being the landmark of where, allegedly, the "Cry of Independence". The institution owns a collection of 150,000 items, encompassing objects, iconography, printed and hand-written documentation.

Parque da Independência, s/n - Ipiranga
2065.8018 | www.mp.usp.br

Fundação Cultural Ema Gordon Klabin

Rua Portugal, 43
3062.5245
www.emaklabin.org.br

O museu funciona com visitas agendadas por telefone ou e-mail. Ingressos: R$ 10,00 (estudantes pagam meia entrada). Verifique a programação no site.

The museum takes visitations booked by phone or e-mail. Tickets: R$ 10,00 (students get 50% off). Check out the program at the website.

Memorial da América Latina

Av. Auro Soares de Moura Andrade, 664 - Barra Funda
3823.4600
www.memorial.org.br

Inaugurado em 18 de março de 1989, hoje o Memorial é referência na realização de eventos que reúnem os grandes nomes do cenário artístico, político, cultural e literário do país.

Opened on March 18th, 1989, the Memorial is currently reference in the making of events, receiving great names from the artistic, political, cultural and literary Brazilian scenario.

Instituto Tomie Ohtake

Rua dos Coropés, 88 - Pinheiros
2245.1900
www.institutotomieohtake.org.br

O Instituto Tomie Ohtake é projetado para realizar mostras nacionais e internacionais de artes plásticas, arquitetura e design, além de outras manifestações culturais como literatura, cinema e música.

The Tomie Otake Institute is conceived to offer national and international plastic arts, architecture and design exhibits, besides other cultural manifestations, such as literature, cinema and music.

MUBE - Museu Brasileiro da Escultura

Avenida Europa, 218
2594.2601
www.mube.art.br

O MuBE possui sua arquitetura projetada por Paulo Mendes da Rocha, e seus jardins por Burle Marx, inovação e vanguarda nos diversos segmentos da arte.

MuBE has its architecture designed by Paulo Mendes da Rocha and its gardens by Burle Marx, with avant-garde and innovation in various sectors of art.

Museu da Imagem e do Som de São Paulo (MIS)

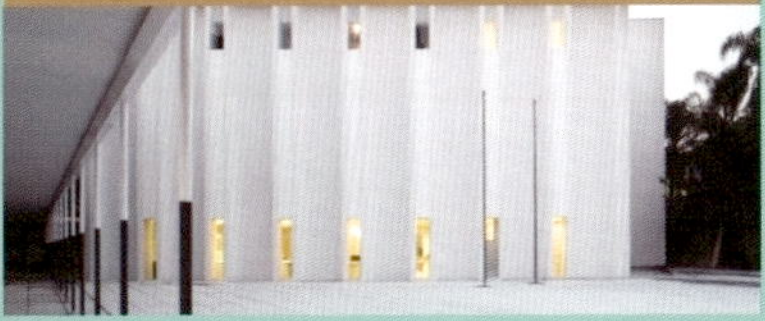

Avenida Europa, 158
2117.4777
www.mis-sp.org.br

O MIS reúne exposições, shows, festas, cinema, dança, fotografia e cursos. Um espaço que coloca em diálogo vivo a memória, a contemporaneidade, a investigação técnica e a ampliação do acesso às inovações e à arte.

MIS combines exhibitions, concerts, festivals, theater, dance, photography and courses. A space that puts alive dialogue the memory, the contemporaneity, the technical research and expanding access to innovations and art.

Museu de Arte Contemporânea - MAC

Av. Pedro Á. Cabral, 1301 - Ibirapuera
3091.3039
www.mac.usp.br

Em 1963, nasceu o MAC USP, formado pelas coleções do casal Yolanda Penteado e Ciccillo Matarazzo, pelas coleções de obras adquiridas ou recebidas em doação durante a vigência do antigo MAM e pelos prêmios das Bienais de São Paulo, até 1961.

In 1963, MAC USP was founded, composed by the collections of the couple Yolanda Penteado and Ciccillo Matarazzo, by acquired works or pieces donated during the tenure of the old MAM and by the awards from the Bienais de Sao Paulo, until 1961.

Museu da Língua Portuguesa

Praça da Luz, s/n - Centro
3322.0080
Museudalinguaportuguesa.org.br

O Museu da Língua Portuguesa tem como missão preservar, valorizar e divulgar a língua portuguesa, compreendendo que ela é um bem cultural dinâmico e em constante mutação.

The Museu da Língua Portuguesa aims at preserving, cherishing and divulging the Portuguese language, understanding it as a dynamic cultural object, in constant evolution.

Museu de Arte Sacra de São Paulo

Avenida Tiradentes, 676 - Luz
3326.3336
www.museuartesacra.org.br

O Museu de Arte Sacra de São Paulo tem como principais atribuições recolher, classificar, catalogar e expor convenientemente objetos religiosos cujo valor estético ou histórico recomende a sua preservação.

The Museu de Arte Sacra de Sao Paulo has as main attributions to collect, classify, catalogue and conveniently display religious objects whose aesthetic or historic value demands its preservation.

Museu Pinacoteca

Praça da Luz, 2 - Luz
3324.1000
www.pinacoteca.org.br

A Pinacoteca do Estado é um museu de artes visuais com ênfase na produção brasileira do século XIX à contemporaneidade. Fundada em 1905 pelo Governo do Estado de São Paulo, pertence à Secretaria de Estado da Cultura e é o museu de arte mais antigo da cidade.

The Pinacoteca do Estado is a visual arts museum, with emphasis on the Brazilian artistic production from the XIX century onwards. Founded in 1905 by the State Government of Sao Paulo, it belongs to the State's Secretary of Culture and is the oldest museum in the city.

Oca

Parque do Ibirapuera
5085.1300
www.parqueibirapuera.org.br

Espaço expositivo localizado nas dependências do Parque Ibirapuera que sempre tem uma atração diferenciada e interessante.

Exhibition space located inside the area of the Parque Ibirapuera, constantly showcasing different attractions.

Acervo Artístico-cultural do Palácio do Governo

Av. Morumbi, 4500 - Morumbi
2193.8282. Acervo.sp.gov.br

Casa do Bandeirante

Pça. Monteiro Lobato - Butantã
3031.0920
www.museudacidade.gov.br

Casa do Grito

Praça do Monumento - Ipiranga
2273.4981
www.museudacidade.gov.br

Centro Cultural da Marinha em São Paulo

R. Estado de Israel, 776 - V. Clementino
5080.4708. Mar.mil.br

Instituto Moreira Salles

Rua Piauí, 844 - Higienópolis
3825.2560
www.ims.com.br

Museu Afro Brasil

Parque Ibirapuera, Portão 10
3320.8900
www.museuafrobrasileiro.org.br

Museu do Automóvel de São Paulo

Av. dos Bandeirantes, 5051 - Saúde
7812.7829. Museudoautomovelsp.com.br

Museu Lasar Segall

Rua Berta, 111
2159.0400
www.museusegall.org.br

Galeria Fortes Vilaça

Rua Fradique Coutinho, 1500 - Pinheiros
3032.7066
www.fortesvilaca.com.br

No circuito mundial é referência do vigor e qualidade da arte contemporânea. Apresenta um programa dinâmico em que artistas brasileiros e estrangeiros, jovens e consagrados, realizam diversas exposições.

In the international circuit, it is reference of the stamina and quality of the contemporary art. Introduces a dynamic program through which Brazilian and foreign, young and renowned artists showcase several exhibitions.

Nara Roesler

Avenida Europa, 655
3063.2344
www.nararoesler.com.br

Há mais de 35 anos, Nara Roesler promove arte contemporânea junto a um conjunto nacional e internacional de colecionadores, curadores e intelectuais. Em 1989, fundou a Galeria em São Paulo, como um espaço para expandir as fronteiras da prática artística no Brasil e fora dele.

For over 35 years, Nara Roesler has promoted contemporary art along with a group of national and international collectors, curators and intellectuals. In 1989, she founded the Gallery in Sao Paulo, as a space to expand the frontiers of the artistic practice in Brazil and abroad.

Galeria de Arte André

Al. Gabriel Monteiro da Silva, 1753
3081.6664
www.galeriandre.com.br

Fundada em 1959, é hoje referência no mercado e sinônimo de tradição e qualidade, com um acervo de mais de duas mil obras de mais de 160 artistas, entre eles, consagrados modernos, contemporâneos ou novos talentos.

Founded in 1959, it is, currently, reference in the market and synonymous with tradition and quality, with a collection of over two thousand works from over 60 artists, among them, modern renowned, contemporary or new talents.

Passado Composto Século XX

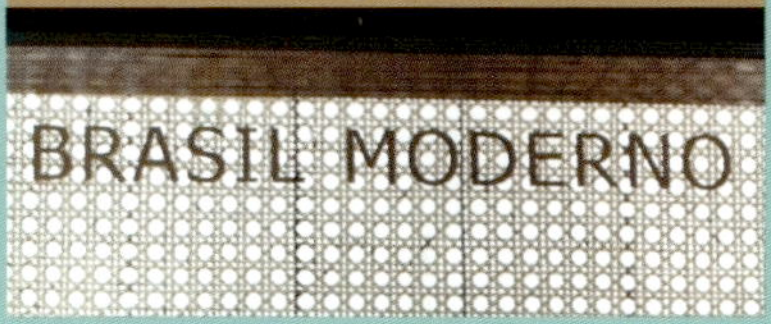

Alameda Lorena, 1996
3088.9128
www.passadocomposto.com.br

A galeria desde 2002 nos Jardins é especializada em móveis, arte e design de época. Precursora em realizar exposições em homenagem aos mestres e designers modernos brasileiros.

The gallery has been in Jardins since 2002 and specializes in vintage furniture, art and design. Pioneer in promoting exhibits that pay homage to Brazilian masters and designers.

Passado Composto

PASSADO
COMPOSTO
SECULO XX
arte, design e peças de época

Rua da Consolação, 3198
3064.0805
www.passadocomposto.com.br

Filial da galeria design Passado Composto que fica na rua da Consolação a Séxulo XX é especializada em movéis, arte e design de época. Precursora em realizar exposições em homenagem aos mestres e designers modernos brasileiros.

Brand of the design gallery P C at Rua Da Consolação specializes in vintage furniture, art and design. Pioneer in promoting exhibits that pay homage to Brazilian masters and designers.

Urban Arts

Rua Oscar Freire, 156
3081.6142
www.urbanarts.com.br

Uma galeria de arte digital. Promove e vende obras a partir de centenas de artistas ao redor do mundo. Inspirando a diversidade dos artistas.

A digital art gallery. Promotes and sells pieces by hundreds of artists from around the world. Inspiring the diversity of artists.

Galeria White Cube

Rua Agostinho Rodrigues Filho, 550 - Vila Mariana

Uma galeria internacional em São Paulo.

An international gallery in São Paulo.

AC Galeria de Arte

Rua José Maria Lisboa, 1008
3063.3707
www.acgaleria.com

AD Galeria de Arte Almeida & Dale

Rua Caconde, 152
3887.7130. Almeidaedale.com.br

A Ponte

Rua Haddock Lobo, 1005
3081.5991

Amoa Konoya Arte Indígena

Rua João Moura, 1002.
3061.0639. www.amoakonoya.com.br

Arte 57

Rua Tatuí, 104
3081.9800
www.arte57.com.br

Casa das Rosas

Avenida Paulista, 37 - Bela Vista
3251.5271
www.casadasrosas.sp.org.br

Dan Galeria

Rua Estados Unidos, 1638
3083.4600
www.dangaleria.com.br

Escritório de Arte Coleções Bia Yunes

Rua Espanha, 24
3064.0550. Colecoesearte.com.br

Espaço Cultural Ena Beçak

Rua Oscar Freire, 440
3088.7322. Enabecak.com.br

Galeria Berenice Arvani

Rua Oscar Freire, 540
3088.2843
www.galeriaarvani.com.br

Galeria Bergamin (Bolsa De Arte)

Rua Rio Preto, 63
3062.2333. Bolsadearte.com

Galeria Choque Cultural

Rua João Moura, 997
3061.2365
www.companhia-artes.com.br

Galeria Luisa Strina

Rua Padre João Manoel, 755 -
3088.2471
Galerialuisastrina.com.br

Galeria Oscar Cruz

Rua Clodomiro Amazonas, 526 -
Vila Nova Conceição. 3167.0833.
www.oscarcruz.com.br

Galeria Vermelho

Rua Minas Gerais, 350 - Consolação
3818.1520
www.galeriavermelho.com.br

Mendes Wood

Rua da Consolação, 3358
3818-1520
www.mendeswood.com

Oscar 48

Rua Oscar Freire, 48
7769.2833

Paulo Kuczynski Escritório de Arte

Alameda Lorena, 1661
3064.5355.

Sylvio Nery

Rua Oscar Freire, 164
3085.7346
www.snerygaleria.com.br

Zipper Galeria

Rua Estados Unidos, 1494
4306.4306
www.zippergaleria.com.br

Galeria Marília Razuk

Rua Jerônimo da Veiga, 131 -
Itaim. 3079.0853
www.galeriamariliarazuk.com.br

Livraria Cultura

Avenida Paulista, 2073 - Bela Vista
3170.4033
www.livrariacultura.com.br

Tradicional ponto de encontro de intelectuais e leitores, a Cultura é palco de atividades infantis, sessões de autógrafos, cinema, cursos, espetáculos, exposições, música e palestras em todas as cidades nas quais está instalada.

Traditional meeting spot of intellectual and book worms, Cultura is the stage of activities for kids, autograph sessions, cinema, courses, spectacles, expositions, music and lectures, in every city where it has a branch.

Livraria Saraiva

Rua Augusta, 2343
3082.9415
www.livrariasaraiva.com.br

Fundada em 1914, é a maior livraria do Brasil em faturamento e atua no varejo de livros, filmes, música, artigos de papelaria, informática, produtos eletroeletrônicos, telefonia, games, conteúdo digital e viagens.

Founded in 1914, it is the largest library in Brazil in revenue and is a retailer of books, movies, music, stationery, electric and electronic products, telephone, games, digital content and travel.

Livraria da Vila

Charmosa, acolhedora, receptiva e democrática, em pouco tempo a Vila foi adotada por aqueles que compartilhavam a visão de livraria como um ponto de encontro, um lugar para ver gente, comprar livro, passar o tempo, tomar café e ouvir histórias.

Charming, welcoming, receptive and democratic, in a short time Vila was adopted by those who saw a library as a meeting point, a place to see people, buy books, have coffee and listen to stories.

Alameda Lorena, 1731
3062.1063 | www.livrariadavila.com.br

Fnac

Av. Paulista, 901 - Bela Vista
2123.2000
www.fnac.com.br

A Fnac propõe ainda que o cliente descubra o que existe de mais inovador e se reencontre com a cultura.

Fnac proposes that the clients discover the most innovative there is and rediscover the value of culture.

Livraria Haddock

Rua Haddock, 1503 - Jardins
3082.9449
www.haddocklobo.com.br

A livraria Haddock Lobo proporciona um conforto muito grande com local aconchegante e amigável, e além de tudo com ótimos livros que fazem a imaginação ir além.

Haddock Lobo library provides great comfort at a cozy and friendly setting, and, besides that, offers great books that give wings to your imagination.

A Fundação Bienal

Uma das mais importantes instituições internacionais de promoção da arte contemporânea. A Bienal de Arte, seu mais importante evento, atrai os olhares do mundo para a arte contemporânea do nosso país.

One of the most important international institutions which promote contemporary art. The Bienal de Arte, its most relevant event, attracts the attention of the world to the contemporary art in our country.

Parque do Ibirapuera, Portão 3
5576.7600 | www.bienal.org.br

Auditório Niemayer

Parque Ibirapuera, Portão 2
3629.1076
www.auditorioibirapuera.com.br

O auditório possui uma porta traseira de 18 m de largura que, aberta, permite que as pessoas situadas no lado de fora, no gramado do Parque acompanhem também as atrações do palco.

The auditorium has a wide back door behind the stage which, with 18m span, enabling the people outside, in the park, to follow the events happening on stage.

Espaço Itaú Cultural

Avenida Paulista, 149
2168.1777
www.itaucultural.org.br

O Itaú Cultural tem um compromisso estreito com a cultura brasileira. Com mais de 25 anos de atuação em artes visuais, espetáculos cênicos, shows musicais, mostras audiovisuais, seminários, apresentações literárias, palestras, cursos e oficinas para professores.

Itaú Cultural has a strict commitment with Brazilian culture. It has been involved, for over 25 years, with visual arts, scenic spectacles, musical concerts, audiovisual exhibits, seminars, literary presentations, lectures, courses and workshops for teachers.

Edifício Itália

Avenida Ipiranga, 344 - República
2189.2929

O Edifício Itália simboliza a união ítalo-brasileira em expressão, união e desejo de desenvolver em obras os sentimentos e as características culturais.

The Edifício Itália is the expression which symbolizes the Italo-Brazilian union and desire of developing through constructions the feelings and cultural characteristics.

Fundação Maria Luísa e Oscar Americano

Avenida Morumbi, 4077
3742.0077
www.fundacaooscaramericano.org.br

Preservando a natureza, reune peças e documentos ligados à história do Brasil. Realiza cursos, concertos e outras atividades culturais, e oferece aos visitantes um panorama do passado e do presente do País.

Preserving nature, meeting papers and documents connected with the history of Brazil. Conducts courses, concerts and other cultural activities, and offers visitors an overview of the past and present of the country.

Jockey Club

Av. Lineu de Paula Machado, 1263 - Cidade Jardim
2161.8300
www.jockeysp.com.br

O Jockey Club é um patrimônio de São Paulo. Um verdadeiro paraíso campestre situado em um dos locais mais valorizados da cidade. Visitar o Jockey Club em dias de corridas é uma experiência única.

The Jockey Club is a patrimony of Sao Paulo. A true country paradise located in one of the most expensive pieces of land in town. Visiting the Jockey Club on a race day is a unique experience.

Parque do Trianon

Rua Peixoto Gomide, 949

Localizado atrás do Masp, o parque que abrigou militares na época da ditadura militar apresenta paisagismo do francês Paul Villon.

Located behind Masp, the park was the quarters of the army at the time of the militar dictatorship, showcasing the landscaping by Frenchman Paul Villon.

Mercado Municipal de São Paulo

Rua Cantareira, 306 - Sé
3313.3365
www.mercadomunicipal.com.br

O Mercado localiza-se no centro antigo de São Paulo. Destaca-se por seus sanduíches de mortadela, pasteis e lingüiças. Atrai muitos turistas que se encantam com a grande oferta e qualidade.

The Mercado is located in the old Sao Paulo city center. The highlights are the mortadella sandwiches, pastries and sausages. Attracts many tourists who delight themselves with the great variety and quality of articles.

Parque Ibirapuera

Av. Pedro Alvares Cabral - Moema
5574.5177
www.parqueibirapuera.org

O mais importante parque urbano de São Paulo conta com ciclovia e treze quadras, além de pistas destinadas a cooper, todas integradas à área cultural, onde tem museus, auditório e a bienal.

The most important urban park of Sao Paulo counts on a cycling path and 13 sports courts, besides jogging tracks, all of them integrated to the cultural area, where there are museums, music hall and the Bienal.

Pateo do Colégio

Praça Páteo do Collegio
www.pateocollegio.com.br

O Pateo do Colégio é o marco inicial no nascimento da cidade de São Paulo. Seu complexo oferece diversas atividades culturais e religiosas, como museu, Igreja, biblioteca temática e projetos sociais.

Pateo do Colégio is the initial landmark of the foundation of Sao Paulo. Its complex offers several religious and cultural activities, such as the museum, church, theme library and social projects.

Sala São Paulo

Praça Julio Prestes, 16 - Santa Cecília
3367.9500
www.salasaopaulo.art.br

O imponente edifício da Estrada de Ferro Sorocabana abriga hoje a Sala São Paulo, sede da Orquestra Sinfônica do Estado de São Paulo e uma das mais importantes casas de concertos e eventos do País.

The imposing building of the Sorocaba Rail Road currently houses the Sala Sao Paulo, headquarters of the Symphony Orchestra of the State of Sao Paulo and one of the most important concert and event halls in the country.

Cine Jóia

Praça Carlos Gomes, 82, Sé
3101.1305

O Cine Jóia reabre as portas com toda a infraestrutura necessária para receber bandas dos mais variados estilos musicais.

Cine Jóia reopens doors with all the necessary infrastructure to receive bands of various musical styles.

Centro Cultural Banco do Brasil

Rua Alvares Penteado, 112 - Sé
3113.3651. www.bb.com.br

Estádio do Morumbi

Praça Roberto Gomes Pedrosa, 1 - Morumbi

Estádio do Pacaembu

Praça Cherles Miller, s/n - Pacaembu
3664.4650

Jardim Botânico

Av. Miguel Stéfano, 3031 - Agua Funda
5067.6000
www.ibot.sp.gov.br

Catedral Sé

Em estilo gótico, a Catedral possui em seu interior um grande número de obras de arte sacra, magníficos vitrais e mosaicos. O grandioso órgão, com cinco teclados e 12 mil tubos, é o maior da América do Sul.

In gothic style, the Cathedral contains a great number of sacred art works, magnificent stained glass and mosaics. The grand organ, with fives keyboards and 12 thousand pipes, is the largest in South America.

Praçada Sé, s/n - Praçada Sé
3107.6832 | www.catedraldase.org.br

Paróquia Nossa Senhora do Brasil

Inspirada nos templos mineiros com interior das igrejas portuguesas possui painéis de pastilha cerâmica que lembram a Igreja de São Basílio, em Moscou, e a balaustrada de suas torres remete a minaretes muçulmanos.

Inspired by the temples from Minas Gerais, with an interior reminiscent of the Portuguese churches, displays pannels of ceramic tiles which remind the Saint Basil's Cathedral, in Moscow, and the balustrade of its towers resemble the muslin minarets.

Praça Nossa Senhora do Brasil, s/n
3082.9786 | www.nossasenhoradobrasil.com.br

Mosteiro de São Bento

Largo do São Bento, s/n - Centro
3328.8799
www.mosteiro.org.br

Com mais de 400 anos de História, o Mosteiro sempre teve grande influência na cidade. A construção atual do Mosteiro não é a mesma de séculos anteriores, já é a quarta construção, projeto de Richard Berndl.

With over 400 years of history, the Mosteiro has always had great influence in the city. The current building is no longer the same from past centuries. This is the fourth renovation, with project by Richard Berndl.

Convento e Igreja de São Francisco

Rua Largo São Francisco, 133 - Sé
3291.2400

Igreja Apostólica Armênia

Av Santos Dumont, 55- Bom Retiro
3326.0758

Igreja Nossa Senhora da Consolação

Rua da Consolação, 585 - Consolação
3256.5356. Igrejadaconsolacao.com.br

Igreja São José do Jardim Europa

Rua Dinamarca, 32
3085.1506
www.saojosedojardimeuropa.com.br

Paróquia Perpétuo Socorro

Rua Honório Líbero, 90
3088.7149
www.paroquiaperpetuosocorro.net

Capela do Morumbi

Avenida Morumbi, 5387 - Morumbi
3772.4301

Igreja São Luís Gonzaga

Avenida Paulista, 2378
3120.3839
www.saoluis.org.br

Paróquia Assunção de Nossa Senhora

Al. Lorena, 665 - A. 3885.9965
www.paroquiaassuncao-sp.org.br

Sinagoga Beit Yaacov

Rua Doutor Veiga Filho, 547 - Santa Cecília
3662.2154

Sinagoga Beit Chabad

Rua Melo Alves, 580
3081.3081

Mesquita Brasil

Av. do Estado, 5382 - Cambuci
3208.6789

Credicard Hall

Av. das Nações Unidas, 17955 - Santo Amaro. 4003.5588
www.credcard.com.br

Teatro Gazeta

Avenida Paulista, 900
3253.4102
www.teatrogazeta.com.br

Teatro Alfa

Rua Bento Branco de Andrade Filho, 722 - Santo Amaro
5693.4000

Teatro JK

Shopping Jk Iguatemi

Teatro Bradesco

Bourbon Shopping São Paulo
Rua Turiassu, 2100
4003.1212
www.teatrobradesco.com.br

Teatro Maria Della Costa

Rua Paim, 72 - Bela Vista
3256.9115
www.teatromariadellacosta.com.br

Teatro Cultura Artística

Rua Nestor Pestana, 125 - Centro
3237.4731
www.culturaartistica.com.br

Teatro Municipal de São Paulo

Praça Ramos de Azevedo, s/nº
www.prefeitura.sp.gov.br

Teatro Folha

Avenida Higienópolis, 618 - Higienópolis
3823.2323

Teatro Procópio Ferreira

Rua Augusta, 2823
3083.4475
www.teatroprocopioferreira.com.br

Teatro Frei Caneca

Rua Frei Caneca, 569
3472.2229
www.teatrofreicaneca.com.br

Teatro Renaissance

Alameda Santos, 2233
3069.2286
www.hoteis.marriott.com.br

Teatro Ruth Escobar

Rua dos Ingleses, 209 - Bela Vista
3289.2358
www.teatroruthescobar.com.br

Teatro Renault

Av. Brig. Luis Antonio, 411 - Bela Vista
2846.6060
www.renault.com.br

Via Funchal

Rua Funchal, 65
3846.2300
www.viafunchal.combr

GIOVANNI + DRAFTFCB
SKY.
VOCÊ NA FRENTE,
SEMPRE.
SKY
HDTV É ISSO

Cinépolis

Fundada em 1947, a Cinépolis é a quarta maior operadora de cinemas do mundo e a maior da América Latina, atualmente com mais de 2200 salas em 8 países.

Founded in 1947, Cinépolis is the fourth largest theater operator in the world, and the largest in Latin America, currently managing over 2,200 theaters in 8 countries.

Shopping JK Iguatemi
2526.4944 / 9928.44832 | www.ceinepolis.com.br

Cinemark

Industria Cinematográfica. Exibidor de filmes.

Motion picture industry. Movie operator.

Shopping Cidade Jardim
www.cinemark.com.br

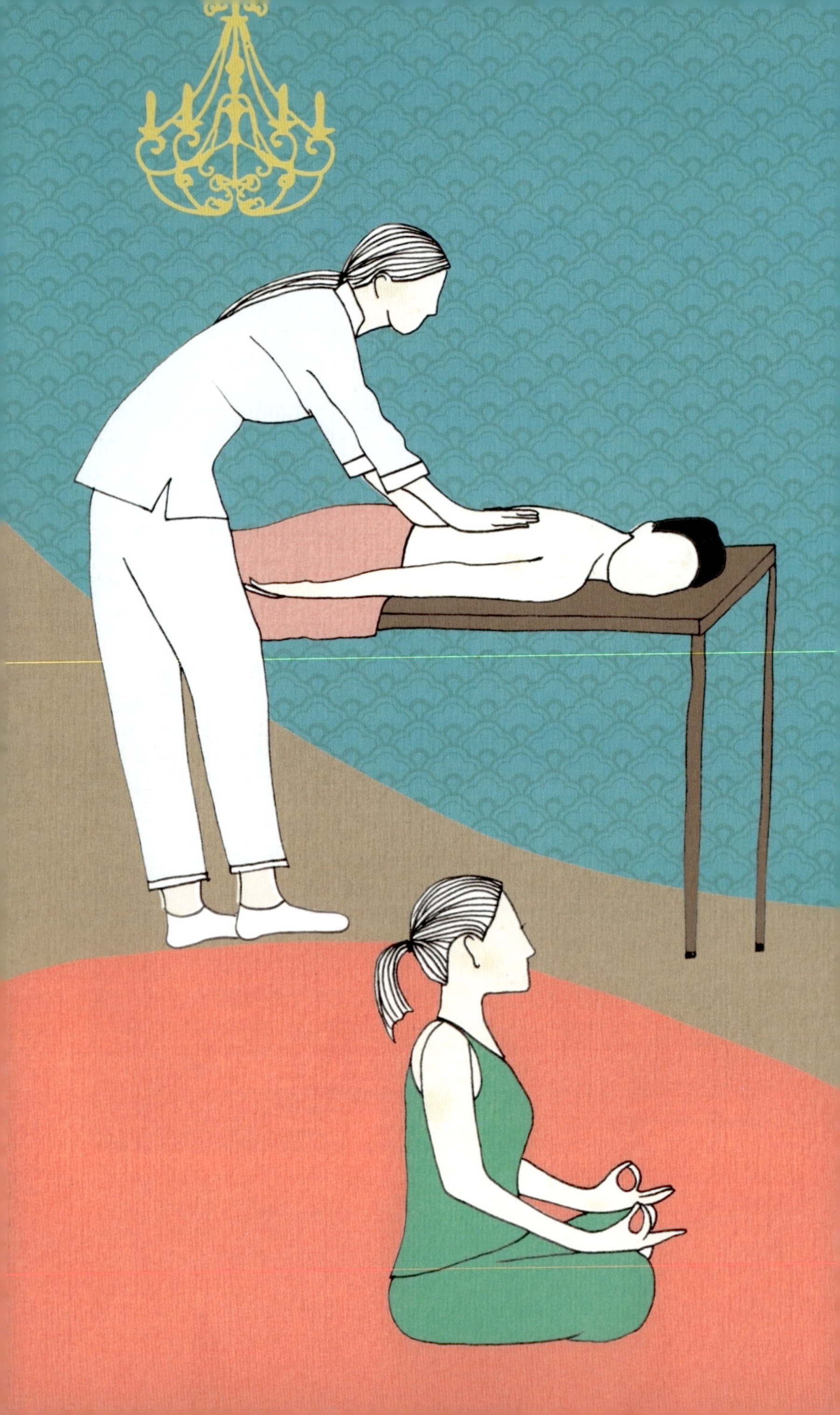

Saúde

HOSPITAL SÍRIO-LIBANÊ

Sírio Libanês

Excelência em tratamento de pacientes internacionais no Brasil

O Hospital Sírio-Libanês é reconhecido por sua excelência em serviços médicos para pacientes do Brasil e do exterior. Contamos com corpo clínico altamente capacitado, avançadas tecnologias e atendimento humanizado, em mais de 60 especialidades médicas, como oncologia, ortopedia e cardiologia.

Nossa estrutura oferece serviços como: equipe multidisciplinar bilíngue, compra de passagens e reserva de hotéis, traslados, serviço de intérprete, agilidade no agendamento de exames diagnósticos, empréstimo de notebooks, jornais e revistas de preferência do paciente e gastronomia personalizada, com cardápios traduzidos. No último ano, recebeu mais de 3 mil pacientes internacionais.

O Hospital Sírio-Libanês investe em aperfeiçoamento das práticas médicas e pesquisas em parceria com as mais respeitadas instituições internacionais.

Até 2016, o projeto de expansão duplicará a nossa capacidade de atendimento, sem deixar de lado os princípios que norteiam a nossa atuação e que já são reconhecidos no Brasil e no mundo.

Excellence in treatment of international patients in brazil

Hospital Sírio-Libanês is known for its excellence in medical services for patients from Brazil and other countries. We have a highly qualified clinical staff, advanced technology and humanized treatment in more than 60 medical specialties, such as oncology, orthopedics and cardiology.

Our structure offers services such as a bilingual multidisciplinary team, ticket acquisitions and reservations for hotels, transportation and interpreters, ease in scheduling diagnostic tests, a lending service of notebooks, journals and magazines of the patient's choice, as well as personalized meals, with translated menus. Over the last year, Hospital Sírio-Libanês received more than 3 thousand international patients who sought our pioneering services.

Hospital Sírio-Libanês invests in ongoing improvement of medical and research practices in partnerships with the most respected international institutions.

By 2016, the expansion project will have duplicated its capacity for treatment, without forgetting the principles that guide its actions and that are renown in Brazil and the world.

International Patient Center/ *International Patient Center:* (55 11) 3155.0985
Heliponto/*Heliport:* SDSL 23°33s26 - 0463916W
www.hospitalsiriolibanes.org.br

Bela Vista
Rua Dona Adma Jafet, 91 - Bela Vista
3155.0200

Sírio Libanês

Unidade Jardins
Av. Brasil, 915
3155.0200

Unidade Itaim
Rua Joaquim Floriano, 533 - Itaim
3155.0200

www.hospitalsiriolibanes.org.br

Albert Einstein

Av. Albert Einstein, 627/701 - Morumbi
2151.1233
www.einstein.br

O Hospital Israelita Albert Einstein é um dos mais conceituados da América Latina, atende a todas as demandas da cadeia de valor de prevenção, diagnóstico, tratamento e reabilitação da saúde.

Hospital Israelita Albert Einstein is one of the most respected in Latin America, meets all the demands of the value chain for the prevention, diagnosis, treatment and rehabilitation of health.

Fundação Leonor de Barros Camargo

Av. São Gabriel, 201 - Morumbi.
3801.8200. www.einstein.br

Hospital 9 de Julho

Rua Peixoto Gomide, 625
3147.9999
www.hospital9dejulho.com.br

Hospital das Clínicas

Av. Dr. Eneas C. de Aguiar, 255
2661.0000
www.hcnet.usp.br

Hospital Sancta Maggiore

Av. Santo Amaro, 22 - Itaim
4085.9300
www.sanctamaggiore.com.br

Hospital Santa Barbara

Alameda Santos, 764
2177.2500
saopaulo.totalcor.com.br

Hospital Santa Catarina

Av. Paulista, 200 - Bela Vista
3016.4133
www.hsc.org.br

Hospital Santa Paula

Avenida Santo Amaro, 2468
3040.8000

Maternidade Pro Matre Paulista

Al. Joaquim E. de Lima, 383 - Bl. Vista
3269.2233. Promatresp.com.br

Santa Joana Hospital e Maternidade

Rua do Paraíso, 432 - Paraíso
5080.6000. Hmsj.com.br

Sao Luiz Hospital & Maternidade

R.Dr.Alceu de C. Rodrigues, 95 - Itaim
3040.1100. Saoluiz.com.br

Clinica Branemark

O Branemark é uma clínica avançada de reabilitação oral. Especializada em implantes dentários, é referência mundial no desenvolvimento científico e tecnológico e na realização de procedimentos simples e complexos.

Branemark is an advanced clinic for oral rehabilitation. Specialized in dental implants, world reference in scientific and technological development, and in the execution of simple and complex procedures.

Avenida Brasil, 141
3059.9992 | www.branemark.com.br

Clínica Waldir Langone

Rua Afonso Brás, 525 - Vila Nova Conceição
3849.1515
www.waldirlangone.com.br

Ortodontia e Ortopedia (adulto e criança).

Orthodontics and orthopedics (children and adults).

Dr. Luis Valente

Rua Pedroso de Alvarenga, 1255 - Itaim
3079.0740

Periodontia.

Periodontist.

Dra Andrea Goldmann-Mundo Encantado da Dentilandia

Rua Dr. Veiga Filho, 350 - Santa Cecília. 3664.7056
www.goldmannodontologia.com.br

Clínica especializada em odontopediatria.

Clinic specialized in odontopediatrics.

Dr. Omayr Cardoso Zanata

Rua Francisco Dias Velho, 262 - Brooklin

Reabilitação Oral e Estética - Implantes - Prótese Dentária.

Oral and aesthctic rehab - Implants - Dental prothesis.

Dra Denise Hajar

Av. Nove de Julho, 5483 conj. 103
3079.5818

Clínica Geral e Ortodontia e Ortopedia funcional dos maxilares.

General practioneer and Orthodontics and functional Orthopedics of the jaw.

Dr. Frederico Gazinelli

Av. Brasil, 141
3059.9999

Endodontista.

Endodontist.

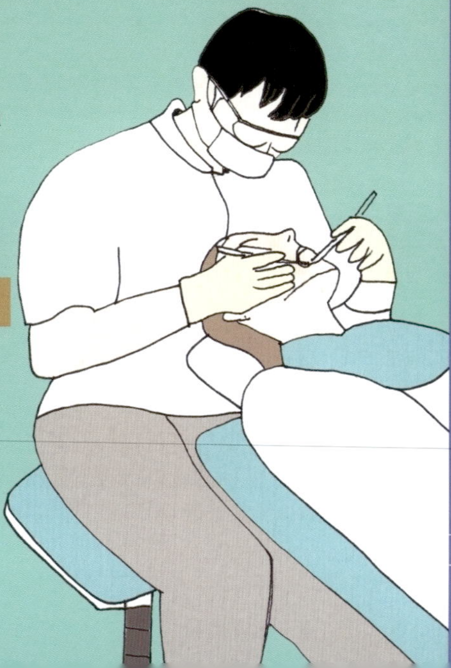

Amarynthe SPA

Saúde, beleza, nutrição e bem--estar em um único lugar. Com os melhores profissionais do mercado o Amarynthe Spa oferece diversas opções de tratamentos e serviços para a pele, o corpo e o cabelo.

Health, beauty, nutrition and well-being at the same location. With the best professionals in the market, Amarynthe Spa offers several options for treatments and services for the skin, body and hair.

Avenida Europa, 571 - Pinheiros
3063.2063 | www.amarynthe.com.br

SPA Cidade-Jardim

Um novo conceito de bem-estar, que oferece serviços, conveniência, privacidade e tempo para usufruir o que existe de melhor para relaxar.

A new concept in well-being, offering services, convenience, privacy and the time to enjoy the best there is in relaxation.

Shopping Cidade Jardim
3552.3575 | www.spacidadejardim.com.br

Anna Pegova

Alameda Lorena, 1582
3081.2402
www.annapegova.com.br

Preservar a beleza e a juventude sempre foi a principal preocupação de ANNA PEGOVA, nascida na Rússia em 1896, que consagrou a sua vida à estética.

Preserving the beauty and young looks has always been ANNA PEGOVA's main concern. Born in Russia, in 1896, where she devouted her life to aesthetics.

Luiza Sato

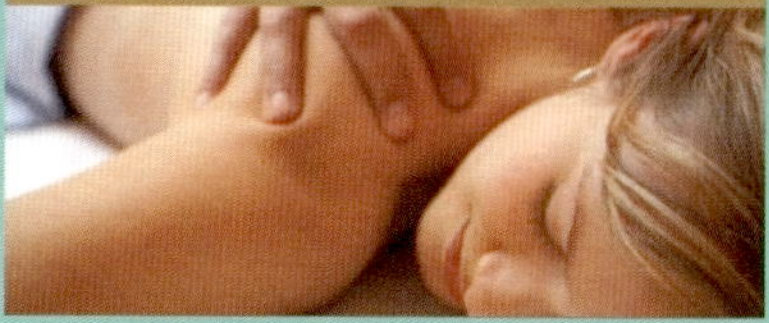

Rua Mariana Corrêa, 18
3085.5406
www.luizasato.com.br

Em 1980 Luiza Sato abriu sua primeira clínica. O shiatsu, termo para técnica de massagem oriental e milenar que utiliza a pressão dos dedos para liberação da musculatura do corpo, é o principal serviço.

In 1980, Luisa Sato opened her first clinic. Shiatsu, ancient oriental massage technique which uses pressure points to relieve muscle tension, is the main service.

Element SPA Tivoli Hotel

Alameda Santos, 1437
3146.5900
www.tivolihotels.com

Recupere as energias numa experiência memorável onde a tranquilidade se funde com o bem-estar físico e espiritual.

Recover your energy in a memorable experience, where tranquility fuses itself with mental and physical well-being.

SPA Fasano

Rua Vitório Fasano, 88
3896.4000
www.fasano.com.br

São cinco salas de massagem para tratamentos e terapias. O spa oferece massagens, limpezas de pele, banhos relaxantes e máscaras.

Five massage rooms for treatments and therapies. The spa offers massage, skin cleansing, relaxing baths and facial masks.

Spa L'OCCITANE Bela Cintra

Rua Bela Cintra, 2023
3088.9008 / 3088.0794
www.loccitane.com.br

O SPA oferece conforto e tranqüilidade em seis salas exclusivas.

The SPA offers comfort and tranquility in its six exclusive rooms.

Spa kennzur

Av. República do Líbano, 577, Ibirapuera
2348.1200
www.kennzur.com.br

Um centro de bem estar com um conceito tão único quanto você.

A wellness center with a concept as unique as you.

Centro Terapêutico Máximo Ravenna

Av. Rebouças, 3909
3494.5000
www.maximoravenna.com.br

Buddha SPA

Al. Gabriel M. da Silva, 77
3062.7790
www.buddhaspa.com.br

Hara Spa

Avenida Europa, 140
3067.5555
www.hara.com.br

Spa do Pé

Shopping Iguatemi /Av. Brig. F. Lima
3031.1155
www.spadope.com

Silvia Nahas

Rua Barata Ribeiro, 490 -
Bela Vista.
3123.5623

"Eu tento analisar cada pessoa de maneira individual, tendo em mente suas necessidades de modo a lhe propor um tratamento personalizado".

"I try to look at each person individually having in mind theirs needs in order to ofter a personalized treatment".

Monica Maluf

Av. Republica do Libano, 472 -
Moema
3057.3535

Shirley Borelli

Rua Bandeira Paulista, 600 -
Itaim. 3168.1651
www.dermat.com.br

Clínica Dermatológica Adriana Vilarinho

Rua Bento de Andrade, 70
3886.9999. Adrianavilarinho.com.br

Nuno Osorio

Rua Dr. Eduardo de S. Aranha, 99 -
Itaim. 3849.1888
www.clinicanunoosorio.com.br

Guilherme de Almeida

Rua Barata Ribeiro, 414 - Bela Vista
3129.7227
www.guilhermealmeida.med.br

Fabiana Bianco

Rua Dr Eduardo de S. Aranha, 387 -
Itaim. 3040.3355

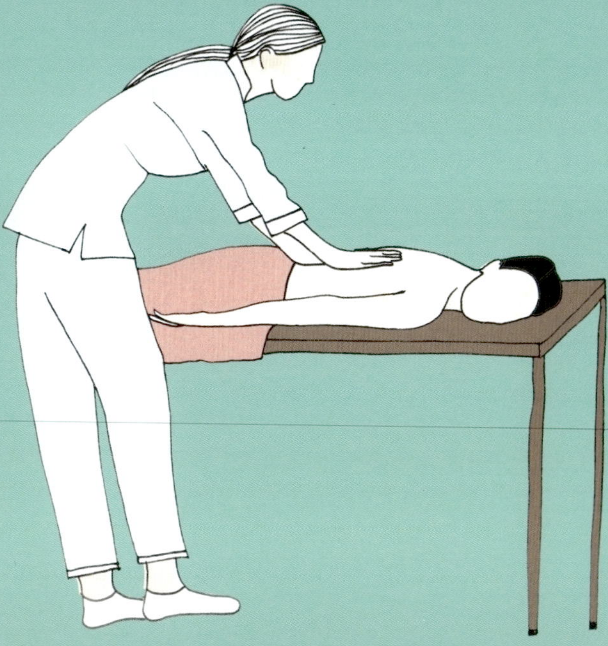

CEDIPI-Vacinas

Al. Joaquim E. de Lima, 1338 - Morumbi
3887.6111. Cedipi.com.br

Center Formulas

Dr Alceu de C. Rodrigues, 329 - Itaim. 3085.5413
www.centerformula.com.br

Dermaflora

Rua Manuel da Nobrega, 1162
3885.5574

Dia Dia Tudo Para O Diabetico

Al. Lorena, 1338
3083.3131

Droga Dois Mil

Rua Peixoto Gomide, 1683
3064.3304

Droga Raia

Rua Jose Maria Lisboa, 645
3884.8235
www.drogaraia.com.br

Drogaria da Consolação

Rua Consolação, 3680
3082.8526
www.drogaraia.com.br

Drogaria Haddock Lobo

Rua Haddock Lobo, 1250
3081.1154

Drogaria Onofre

Rua Oscar Freire, 278
3064.1717
www.onofre.com.br

Drogasil

Al. Gabriel M. da Silva, 892 - Pinheiros
3061.3650
www.drogasil.com.br

Drogasil

Rua Pamplona, 1792
3887.9508
www.drogasil.com.br

Erboristeria Aurea

Rua Caconde, 104
3051.7512

Farmais

Rua Hungria, 352
3032.1707
www.farmais.com.br

Farmatec

Rua Pamplona, 1201
3050.6656
www.farmatec.com.br

Grupo Manifarma

Alameda Itu, 1386
3062.5014
www.manifarma.com.br

HN Cristiano

Alameda Tietê, 19
3087.1561
www.hncristiano.com.br

Ophtalmos Fórmulas Oficinais

Av. Brig. Luis Antonio, 4790
3488.3788. Ophthalmos.com.br

Ortopharma

Rua José Maria Lisboa, 77 - Itaim
3885.4667
www.orthofarma.com.br

Albert Einstein Jardins Diagnósticos

Av. Brasil, 953
2151.1233. Einstein.br

Alergoclínica Centro Alergia Derm.

Rua Maria Figueiredo, 220.
3149.2888.
Alergodermatologia.com.br

CDB - Centro Diagnóstico Brasil

Av. Brasil, 350
2142.9200. www.cdb.com.br

Cimerman

Rua Jose Maria Lisboa, 1163
3087.0440
www.cimerman.com.br

Cura Imagem e Diagnostico

Av. Brig. Luis Antonio, 4417/4469
3056.4707. www.cura.com.br

Fleury

Av. Brasil, 1891
3179.0822
www.fleury.com.br

Pronto Formula

Al. Santos, 880
3146.8800
www.prontoformula.com.br

Laboratorio Campana

Av. Brasil, 108
2846.5028

Laboratório de Análises Clín. Labor. Labis

Av. Brig. Luis Antonio, 4979
3018.2030. Laborlabis.com.br

Laboratório Gene

Alameda Santos, 455-conj801
3288.0622
www.laboratoriogene.com.br

Laboratório Paulista Dermatopatologia

Av. Brigadeiro Luis Antonio, 4315
3884.1121

Núcleo de Densitometria Óssea

Avenida Nove de Julho, 3858 - Consolaçao. 3064.2488

Serviços
TAXI

WELLA
"SÓ A WELLA, UMA VERDADEIRA MARCA
DE SALÃO, TEM UMA LINHA COMPLETA
PARA EU CUIDAR DO MEU CABELO!"
Xuxa Meneghel
30
ESPUMA
COLOR-INTENSE
WELLA
KOLESTON
PROSERIES
INSPIRADO POR CABELEIREIROS
INSPIRADO EN ESTILISTAS
NOVO
NUEVO
HYDRATION
SHAMPOO
500 mL
CONDICIONADOR
ACONDICIONADOR
CREME/CREMA
PARA ESTILIZAR

MG Hair Design

Considerado um dos 10 maiores templos de beleza do mundo, eleito pelas revistas ELLE (alemã e italiana), conta com equipe formada pelos mais renomados profissionais.

Considered one of the top 10 beauty temples in the world, as chosen by Elle Magazine (German and Italian), counts on a team made of the most renowned professionals.

Rua Estados Unidos, 1862
3069.1499 | www.mghair.com.br

Attitude Cabeleireiros & Estética

Salão e SPA feminino masculino e infantil, com ambientes individualizados e horários diferenciados, aberto todos os dias, inclusive domingos e feriados.

Women's and men's hairdresser and SPA, with individualized settings and customized schedule, opens everyday, including Sundays and holidays.

Alameda Itú, 1219
3082.8158 | www.attitudeonline.com.br

C. Kamura

Com mais de 35 anos de carreira, Celso Kamura reuniu no Jardins, em confortável espaco de 800 m², um time de profissionais que imprimem modernidade, estilo e informação de moda na beleza que executam diariamente.

With a career spanning 35 years, Celso Kamura has gathered a team of professionals at a comfortable space of 800m2 in the Jardins, where they convey the modernity, style and fashion buzz through the work they accomplish daily.

Rua da Consolação, 3679
3061.5500 | www.ckamura.com.br

Cassolari's Cabeleireiros Ltda.

Desde 1993 no bairro do Itaim Bibi, duas gerações de talentos da família Cassolari estão à frente do salão. Formados nas melhores academias de hairstyling do mundo, a equipe traduz técnicas e tendências mundiais para a mulher brasileira.

Since 1993, in the Itaim Bibi neighborhood, two talented generations of the Cassolari family run the salon. Graduated by the world's best hairstyling academies, the team brings international techniques and trends for the Brazilian woman.

Rua Bandeira Paulista, 1212
3845.3877 | www.sandrocassolari.com.br

Salão 1838

Cuidados com o cabelo em geral, penteado para festas, dia da noiva e debutante, maquiagem, nail design, podologia, parte estética com massagem, limpeza de pele etc. Estacionamento próprio.

General hair care, hair dos for parties, bride's day, debutant's day, make-up, nail design, foot care, aesthetics with massage, skin cleansing, etc. Private parking for clients.

Rua Estados Unidos, 1838
3064.0000 | www.salao1838.com.br

Studio W Cabeleireiros

Presente nos principais shoppings de SP e sob o comando de Wanderley Nunes, o luxuoso Studio W consolidou sua marca ao oferecer serviços de beleza e produtos top do mercado.

With outlets at the main shopping malls across town and under the command of Wanderley Nunes, the luxurious Studio W consolidated its brand offering top shelf beauty services and products.

Av. Brigadeiro Faria Lima, 2232
2094.2640 | www.studiow.com.br

Ash Hair Cabeleireiros

Rua Colombia, 229
3085.0051
www.ash-hair.com.br

Especialistas em cabelo, manicure, depilação e centro de estética.

Hair experts, manicure, waxing and beauty center.

Locfficiel III

Rua Oscar Freire, 667
3062.4477
www.lofficiel3.com.br

Um dos salões mais tradicionais de São Paulo.

One of the most traditional beauty salons in São Paulo.

Barbearia 9 de Julho

Rua João Cachoeira, 894 - Itaim
3071.4172
facebook barbearia nove de julho

Ambiente para cavalheiros de bom gosto.

Tasteful ambience for true gentleman.

(L)oft Hair Boutique

Shopping Cidade Jardim
3755.0515
www.lofthair.com.br

O salão possui iPads com dicas sobre cortes e tendências.

The Salon has iPads for customers with tips on haircuts and trends.

Beauty Bar

Rua Haddock Lobo, 935
2362.8861
www.spadesjardins.com.br

Petit spa que oferece cuidados especiais em ambientes aconchegantes.

Petit spa that offers special beauty care in cozy environments.

Marcos Proença Cabeleireiros

Rua Professor Artur Ramos, 385
3081.6218
www.marcosproenca.com.br

O primeiro salão eco-friendly do país.

The first eco-friendly hair salon in Brazil.

Laces and Hair

Rua da Consolação, 3149
3062.8881
www.lacesandhair.com.br

Espaço de beleza que oferece serviços para o bem-estar da mulher.

Beauty salon that cares women´s well-being.

Nilta

Rua Augusta, 2337
3085.9907
www.niltaperucas.com.br

Especialista em perucas e alongamento de fios.

Specialist in wigs and hair extensions.

Studio Lorena

Alameda Lorena, 1998
3016.8899
www.studiolorena.com.br

Spa, barbearia e salão de beleza.

Spa, salon and barbershop.

Ringo

Shopping Iguatemi, 2232 - Loja W4
3814.5656

Cortes e tratamentos feminino, masculino e infantil.

Haircuts and hair treatment for women, men and kids.

Blend

Rua Dr. Eduardo de Souza Aranha, 221
3045.3330
www.blendyourmind.com

Um espaço de beleza contemporâneo e completo.

A complete contemporary space for beauty and health.

100% Eventos

Especializada em locação de móveis e montagens para eventos.

Specialized in furniture and settings rental for events.

Rua Padre Domingos Tonini, 101 - Osasco
3604.8039 | www.cemporcentoeventos.com.br

Isabella Suplicy Homemade Sweets

Desde 1996, os bolos e doces de Isabella Suplicy estão presentes em pequenas e grandes comemorações pelo Brasil afora. Hoje, Isabella e sua equipe de caprichosas confeiteiras executam criações que enchem os olhos e o paladar.

Since 1996, Isabella Suplicy's cakes and candies are present at small and great celebrations across Brazil. Currently, Isabella and her team of careful and crafty confectioners execute creations that are not only good to taste, but also to look at.

Rua Doutor Clóvis de Oliveira, 344
3726.1894 | www.isabellasuplicy.com.br

Jeniffer Bresser Exclusivité

Rua Otoniel Mota, 56
3755.0282
www.jenifferbresser.com.br

Com o toque inconfundível de mãos artesanais, o Atelier Jeniffer Bresser Exclusivité desenvolve, desde 2000, presentes personalizados, cuja a embalagem já antecipa a sofisticação do presente.

With the unmistakable touch of crafty hands, Atelier Jennifer Bresser Exclusivité develops, since 2000, personalized gifts, whose packaging anticipates the sophistication of the gift itself.

Leopolldo

Rua Prudente Correia, 432
3702.6363
www.leopolldo.com.br

O Leopolldo Jardins é um amplo e versátil espaço de eventos, composto por um hall de entrada, salão principal e um gazebo cercado de folhagens, plantas e jardins.

Leopolldo Jardins is a large and versatile space for events, composed by an entrance hall, main ballroom and a gazebo surrounded by plants and gardens.

Rubens Decoração

Rua Cunha Gago, 687 - Pinheiros
3815.3888
www.rubensdecoracoes.com.br

Fundada em 1956, a Rubens Decorações cria projetos personalizados para atender as expectativas de qualquer evento solicitados pelos clientes.

Founded in 1956, Rubens decorations creates custom designs to attend clients expectations of any event .

Espaço Singular

Rua Estados Unidos, 1097
5506.0370
www.esingular.com.br

Espaço para eventos que se adequa a necessidade de cada cliente.

Event space to suit each client's needs.

Camargo Alfaiataria

Alameda Lorena, 1919
3061.0286
www.camargoalfaiataria.com.br

Alfaiataria especializada na modelagem que valoriza o biotipo de cada cliente.

Tailoring specialized in customized modeling which accents each client's biotype.

Marie Toscano

Rua Dr Marios de Ferraz, 510
3079.0953
www.marietoscano.com.br

Possui uma linha exclusiva para noivas, festas & noite e alta costura e acessórios.

Offers an exclusive line for brides, parties & night life and haute couture and accessories.

Casa Fasano

Rua Leopoldo Couto De Magalhães, 912 - Itaim
3074.4700
www.buffetfasano.com.br

Promove eventos com os cardápios clássicos da renomada rede Fasano.

Promotes events with world renowned Fasano menus.

Nininha Sigrist

3726.2000
www.nininhasigrist.com.br

Uma das mais renomadas empresas de doces e bolos para festas.

One of the most renowned supplier of sweets and cakes for events and parties.

A Modista

Alameda Tietê, 565
3571.2912
www.amodista.com.br

Vestidos e acessórios de alta costura para noivas.

Haute couture dresses and accessories for brides.

Atelier Sabrina e Isa

Avenida Ceci, 428 - Planalto Paulista
5055.9177
www.sabrinaeisaatelie.com.br

Chapéus para mães e madrinhas. Acessórios exclusivos para noivas.

One of the pioneers in catering exclusively to the bride segment.

Atelier Blanc

Rua Haddock Lobo, 920
3082.2516
www.atelierblanc.com.br

Atelier multimarcas que atende a noivas sofisticadas e românticas.

Multi-brand Atelier that caters to sophisticated and romantic brides.

Atelier Sandro Barros

Rua Henrique Martins, 507
3887.5501
www.sandrobarros.com

Vestidos de festas sob medida, do estilista Sandro Barros.

Customized party dresses by stylist Sandro Barros.

Atelier Emannuelle Junqueira

Rua Peixoto Gomide, 1805
3062.4112
www.emannuellejunqueira.com.br

Uma das pioneiras a se especializar no mercado de noivas.

One of the pioneers in catering exclusively to the bride segment.

Browns Alfaiataria - Rigor

Alameda Lorena, 1889
3081.2331
www.brownsrigor.com.br

Ternos e camisas sob medida.

Made-to-order suits and shirts.

Ateliê Paula Zaragüeta

Rua Oscar Freire, 329, com 51
3062.1046
www.paulazaragueta.com.br

Criações de rendas francesas e bordados artesanais para casamentos.

Creations in French lace and artisanal embroidery for weddings.

Casa Vasconcellos

Rua Peixoto Gomide, 1.801, Casa 4G
3083.0787
www.casavasconcellos.com.br

Detalhes, delicadeza e romantismo definem a marca especializada em casamento.

Fine details, delicate touch and romanticism define the brand, specialized in weddings.

Martha Medeiros

Rua Dr. Melo Alves, 287
3062.7907
www.marthamedeiros.com.br

Tramas feitas à mão com muita beleza e originalidade.

Hand-made meshes with plenty of originality and good looks.

Wanda Borges

Alameda Tietê, 509
3082.7876
www.wandaborges.com.br

Nome de destaque no segmento noivas.

Outstanding name in the bride segment.

Pó de Arroz

Rua Haddock Lobo, 860
2619.9033
www.marcapodearroz.com.br

Vestido que remetem à delicadeza e o romantismo da alma feminina.

Wedding dresses that showcase a woman´s feminine essence.

White Hall

Alameda Tietê, 27
3061.0145
www.whitehall.com.br

Representante exclusiva de Oscar de la Renta, Vera Wang e Monique Lhuillier.

Exclusive representative of Oscar de la Renta, Vera Wang and Monique Lhuillier.

As Orquídeas Flores

As Orquideas Flores

Rua Clodomiro Amazonas, 1173 - Itaim
3044.5117
www.asorquideasflores.com.br

Lindos arranjos de flores, especialistas em orquídeas.

Beautiful floral arrangements, specialized in orchids.

Escarlate Flores & Design

Rua Haddock Lobo, 927
3085.1704
www.escarlatefiores.com

Há 30 anos Roberto Pena e Lucio Vieira trouxeram de Nova York técnicas criativas que os consolidaram no segmento floral no Brasil. Primam pela originalidade e durabilidade dos seus arranjos.

Thirty years ago Roberto Pena and Lucio Vieira brought from New York creative techniques which helped consolidate them in the floral segment in Brazil. They prize for the originality and durability of their arrangements.

Flor de Lis

Rua Aspicuelta, 472 - Vila Madalena
3034.2160
www.fiordelisfiores.com.br

A Flor de Lis desenvolve arranjos de flores personalizados para residências, lojas, escritórios, restaurantes e também eventos, tudo com um *approach* único da marca.

Flor de Lis develops customized floral arrangements for homes, shops, offices, restaurants and events, as well, all of them with the brand's unique approach.

Vanessa Oz Flores

Rua Augusta, 2542, loja 3- Villa San Pietro
99292.9363
vanessaozfiores.blogspot.com.br

Decoração para casamentos e eventos, paisagismo e presentes. A floricultura também vende acessórios garimpados em viagens, sempre com a inspiração de "um dia no campo".

Decoration for weddings and events, landscaping and gifts. The florist also sells accessories found during trips, always with the "a day in the countryside" inspiration.

Verbena Flores

VERBENA
FLORES

Shopping Cidade Jardim
3889.8832
www.verbenafiores.com.br

Muito mais que uma floricultura, a Verbena Flores oferece arranjos para todas as ocasiões e presentes florais completos, todos elaborados de maneira única e especial.

Much more than a florist, Verbana Flores offers flower arrangements to every occasion and complete floral gifts, all of them with a special and unique make.

Secret Garden

Alameda Franca, 1055
3081.8876
www.secretgarden.com.br

A Secret Garden é mais que uma floricultura. É um espaço para você e seu jardim. Inaugurada em 1999, a loja dispõe de um ambiente muito agradável e um jardim encantador. Sua proposta é a elaboração de arranjos florais exclusivos.

Secret Garden is more than just a florist. It is a space for you and your garden. Opened in 1999, the shop offers a pleasant setting and a charming garden. They cater to the making of exclusive floral displays.

Cozinha Conceito Dedo de Moça

Desde 2008 frequentando as casas dos seus clientes, as chefs Mayra e Patrícia inauguraram a Cozinha Conceito da Dedo de Moça, que é palco de workshops, oficinas e aulas, sempre com o foco "comer bem em casa".

Since 2008, regulars at the houses of their customers, chefs Mayra and Patricia inaugurate the Dedo de Moça Concept Kitchen, which will host workshops and classes, with focus on "eating well at home".

Rua Oscar Freire, 329
3796.4391 | www.dedodemoca.net

Atelier Gourmand

Rua Bela Cintra, 1783
3060.9547
www.ateliergourmand.com.br

Casa do Saber

Rua Dr. Mário Ferraz, 414 - Itaim
3707.8900
www.casadosaber.com.br

Colégio Dante Alighieri

Alameda Jaú, 1061
3179.4400
www.colegiodante.com.br

Colégio Madre Alix

Alameda Gabriel M. da Silva, 1555
3082.8455
www.madrealix.g12.br

Colégio São Luis

Rua Haddock Lobo, 400
3138.9600
www.saoluis.org

Escola Morumbi

Avenida Cidade Jardim, 231
3062.3264
www.escolamorumbi.com.br

Escola São Paulo

Rua Augusta, 2239
3060.3636
www.escolasaopaulo.org

Escola Wilma Kövesi de Cozinha

Rua Cristiano Viana, 224
3082.9151. wkcozinha.com.br

Berlitz
IDIOMAS
Helping the Worl
La
にちは
mangia
gracias

Berlitz Centro de Idiomas SA

A Berlitz Haddock Lobo está preparada para lhe oferecer a melhor experiência no aprendizado de idiomas.

The Berlitz staff is ready to welcome you and offer the perfect solution to make your experience with us as productive and enjoyable as possible.

Rua Haddock Lobo, 1152
3081.3877 | www.berlitz.com.br

Richcars Locadora de automóveis

Richcars Locadora de Carros de Luxo, Blindados e Antigos. Com muita discrição, eficiência e segurança, os carros são conduzidos por hábeis motoristas bilíngues. A frota é composta por Mercedes, Jaguar, Rolls Royce, entre outros.

Richcars Rental of deluxe, armored and classic cars. Low profile, efficiency and safety. The cars are driven by skilled bilingual drivers. The fleet is composed by Mercedes, Jaguar, Rolls Royce, among others.

Rua Monte Alegre, 428 - conj 34 - Perdizes
3865.4426 | www.richcars.com.br

CITROËN Experience Centre

Rua Oscar Freire, 1009
3063.1810
www.citroen.com.br

CITROËN Experience Centre - loja-conceito da marca, estabelecendo um novo conceito no mundo automobilístico.

CITROËN Experience Centre, Brand's concept shop, establishing a new concept for the automotive world.

Euro Bike

Avenida dos Bandeirantes, 1729 - Vila Olímpia
3627.3000
www.eurobike.com.br

A maior rede de concessionárias especializada em veículos Premium do Brasil, com marcas ícones do automobilismo internacional. O grupo possui 28 concessionárias e oficinas autorizadas.

Largest car dealership specialized in Premium vehicles in Brazil, with the icons of the international car makes. The group holds 28 authorized dealers and shops.

Rede Park

Rua Oscar Freire, 530, 720, 934, 1138
3081.6444
www.redepark.com.br

Com 100 unidades em São Paulo, sempre há um Rede Park perto dos melhores locais da cidade. O estabelecimento segue, há 30 anos, o mais alto padrão de qualidade exigido por todos os órgãos.

With 100 branches in Sao Paulo, there is always a Rede Park near the hottest spots in town. The company has been following for the past 30 years, the highest standards of service demanded by all government regulators.

Alug Rent a Car

R. Joaquim Floriano, 466 cj 401 - Itaim
2244.5566
www.alugrentacar.com.br

BSS Blindagens

Rua Santo Eurilo, 140 - Jaguaré
3503.3000
www.bssblindagens.com.br

Frison Convenience Serviços Automotivos

Rua Santa Justina, 114 - Vila Olímpia
3040.0085. frison.com.br

Master Blindagem

Avenida Europa, 850
3666.6566
www.masterblindagens.com.br

Bike Tech Jardins

Rua da Consolação, 3350
3063.3555
www.biketechjardins.com.br

Com excelência e tradição no comércio e conserto de bicicletas, conta com profissionais especializados e desenvolve um trabalho de referência para o setor desde 1993.

Excellence and tradition in the commerce and servicing of bicycles, they count on expert professionals and have developed a work considered reference in the sector since 1993.

Sport Star Bike

Rua Haddock Lobo, 956
3083.5900
www.sportstarbikes.com.br

Muito mais do que venda de bicicletas. Desde 1976 oferecendo lazer, saúde, esporte e qualidade de vida!

Much more than selling bikes. Since 1976 offering leisure, health, sports and quality of life!

com o charme das nossas ALAMEDAS.

LOFT
Cabeleireiro e Barbearia
3º Piso

LAVASECCO
Lavanderia
3º Piso

SAPATARIA DO FUTURO
Sapataria e Costura
3º Piso

DRY UP
Lava-Carros
1º SS

UNIF UNIFORMES | FOTO PAULO EXPRESS | ÓPTICA SELLA | GRUPO FITTA | CASA 8

Unif

Com a proposta de inovar o setor, a Unif apresenta um novo conceito no segmento de uniformes, focando o bem-estar e a satisfação do funcionário bem vestido no trabalho. Utiliza tecidos que não agridem o meio ambiente.

Aiming at innovating the sector, Unif introduces a new concept in the uniform segment, focusing on the well-being and satisfaction of the well dressed employee at work. Uses fabrics which do not harm the environment.

Shopping Cidade Jardim
3755.0221 | www.unifuniformes.com.br

AB Uniformes

Shopping Iguatemi
3812.0988
www.abuniformes.com.br

Fashion Chef

Rua Augusta, 2.542, loja 8 - Villa San Pietro
3060.8797. fashionchef.com.br

Casa das Fardas

Avenida Brigadeiro Faria Lima, 2736
3032.9191
www.casadasfardas.com.br

Grifer Uniformes

Alameda Ministro R. de Azevedo, 846
3082.9911
www.griferuniformes.com.br

Cast uniformes

Rua Dr Melo Alves, 448
3088.3808
www.castuniformes.com.br

Reebok Club

Novo e sofisticado conceito de academia, que alia conforto e qualidade de vida para o bem-estar. Na cobertura do Shopping Cidade Jardim, a academia tem 6.580m² de área com luz natural em todos os ambientes.

New and sophisticated gym concept, bringing together comfort and quality of life geared towards your well-being. Located on the top floor of the Cidade Jardim Shopping Mall, it has an area of 6,580m² with natural light in every premise.

Shopping Cidade Jardim
3759.7878 | new.reebokclub.com.br

Sett Coaching

O espaço Sett Coaching possui capacidade para gerenciar o treino de cada aluno, acompanhando a reabilitação de lesões e garantindo a correta execução dos exercícios prescritos e orientados por Flavio Settanni.

The Sett Coaching has the ability of managing every client's training, following the rehab from injuries and ensuring the proper execution of prescribed exercise, under the supervision of Flavio Settanni.

Rua Clodomiro Amazonas, 556 - Itaim
3368.8556 | www.settnandi.com.br

Body Tech

Rua da Consolação, 2970
3897.3000
www.bodytech.com.br

A Body Tech foca no conceito wellness que busca promover a saúde dos alunos. As unidades são consideradas verdadeiros centros de atividades físicas, esportes e bem-estar.

Body Tech focuses on the wellness concept, aiming at promoting the client's well-being. Their branches are considered true centers for physical activities, sports and well-being.

Alexandre Polo

97173.7426

Personal trainer com atendimento a domicílio.

Personal trainer that goes to your home.

Bio Ritmo

Shopping Higienopolis
3667.7888
www.bioritmo.com.br

Desde 1996 ajudando os alunos a consquistar a qualidade de vida desejada.

Since 1996 helping students conquer the desired quality of life.

5àSec

A lavanderia inteligente. Excelente para roupas finas e peças especiais. Casual, couro, sapatos, bolsa. Cama, mesa, banho e tapetes.

The smart laundry. Excellent for delicate clothing and special outfits. Casual, leather, shoes, handbag. Towels, linen and carpets.

Alameda Ministro Rocha de Azevedo, 1334
3051.3886 | www.5asec.com.br

San Taio

Rod. Raposo Tavares, 8016 -
Raposo Tavares
3782.4846

Retirada e entrega a domicílio.

Withdrawal and home delivery.

Restaurar Art's
Rua Augusta, 2212 - Loja 17n
3064.8046
www.restaurarts.com.br

Companhia das Artes
Rua Augusta, 2554
3891.1781
www.companhia-artes.com.br

Robles Prata de Lei
Alameda Itú, 1598
3085-0837
www.robles.com.br

FastFrame
Alameda Gabriel M. da Silva, 2121
3060.8336
www.fastframe.com.br

Restauração Tabapuã
Rua Tabapuã, 398 - Itaim
3167.7781
www.restauracaotabapua.com.br

Moldura Minuto
Rua Oscar Freire, 1574
3085.1925
www.molduraminuto.com.br

Chaveiro da Sorte
Rua José Maria Lisboa, 1137
3062.9010

Chaveiros Cia das Chaves
Shopping Vila Lobos / Avenida das Nações Unidas, 4777 G1 Loja 07 - Alto de Pinheiros 3021.0450

Chaveiro Itália
Rua Augusta, 1922
3082.0142

Chaveiros Europa Comércio
Av. Brigadeiro Faria Lima, 2369
3287.7255

Chaveiro Kit&Uso
Shopping Iguatemi
3816.1507

Chaveiros e Carimbos 3 Rios Paulista
Rua Fernando de Albuquerque, 206
3231.1237

Chaveiro Pamplona Serviços e Mão de obra
Rua Pamplona, 944
3288.8643

Chaveiros Toninho
Av. Brigadeiro Faria Lima, 1826
3812.9187

Chaveiros Brigadeiro
Avenida Brigadeiro Luís Antonio, 2497
3287.7018

Marido de Aluguel
Rua Marques de Recife, 191 - Parque São Luiz. 3924.2032
www.maridodealuguel.com

Augusto Ulian Alfaiate

Rua Augusta, 2690 sala 304
www.cruzverde.org.br

Costura do Futuro

Alameda Lorena, 1517
3062.2623
www.servicosdofuturo.com.br

CRC Couro

Rua Santa Justina, 47 - Vila Olímpia
3842.6975
www.centrodocouro.com.br

Fix - Armarinhos e Consertos de Roupas

Shopping Iguatemi
3813.6553. utiltastore.com.br

Gabriela Bijoux

Av. Rebouças, 6970 - Pinheiros
3815.6260
prontosocorrodebijouxgabriela.com.br

Gabriel Camacho Artefatos de Couro

Rua Luciano Silva, 296/300 - Vila das Belezas. 5513.8218

Gnallbordados Computadorizados

Shopping Cidade Jardim
5083.0604

Galucci

Shopping Iguatemi
3034.2360
www.galucci.com.br

Mercerie Bordados

Shopping Iguatemi
3816.2534

On time

Shopping Cidade Jardim
3813.5011
www.ontimerelogios.com.br

Sapataria do Futuro

Alameda Lorena, 1517
3062.2623
www.servicosdofuturo.com.br

Utilità e Utilità Mix

Shopping Iguatemi
3034.5425
www.utiltastore.com.br

Inova

A Inova busca a satisfação dos seus clientes através da gestão de serviços urbanos. Disponibiliza atendimento de segunda a sábado, das 8h às 18h, através de central de atendimento ao cliente.

Inova seeks the satisfaction of its customers through the management of urban services. They provide services, Monday through Saturday, from 8 AM to 6 PM, through its customer service center.

Av. Henry Ford, 1718 - Mooca
0800 7777 156 | www.inovagsu.com.br

Inova Eco Pontos

Praça do Cancioneiro, 15 - Itaim
0800 7777 156
www.inovagsu.com.br

Locais de entrega de pequenos volumes de entulho e móveis.

Local to deliver small volumes of debris and furniture

Alpha Chaveiros

Rua Pamplona, 1665
3057.0874

CDP Chaveiros e Desentupidora Pinheiros

Rua Cônego E. Leite, 758 - Pinheiros
0800 770 4925. www.agchaves.com.br

Centro de Saúde Animal

Alameda Campinas, 1500
2501.7001
www.csajardins.com.br

Chaveiros AG

Rua Cônego Eugênio Leite, 808 - Pinheiros
3083.4345. agchaves.com.br

Chaveiros Jardins

Av. Nove de Julho, 4726
3086.1639
adilsonchaveiro24hs.webnode.com.br

Clinic Odontologia

Av. Rebouças, 1693
3089.6060
www.clinicodontologia.com.br

Dentistas 24hrs

Av. Nove de Julho, 3446
3062.0904
www.24hsdentista.com.br

Drogaria Onofre Megastore Oscar Freire

Rua Oscar Freire, 278
3064.1717. www.onofre.com.br

Drogaria Haddock Lobo

Rua Haddock Lobo, 1250
3081.1154
www.drograriahaddock.com.br

Drogaria Onofre Megastore Rua Augusta

Rua Augusta, 2450
3088.7969. www.onofre.com.br

Extra Hipermercados

Av. Brigadeiro Luís Antônio, 2013
3886.3475
www.extra.com.br

Koala Hospital Animal

Avenida Brigadeiro Luís Antônio, 4869 - Bela Vista
3057.2112

Mestrotec Serviços

Av. Jose Estavão de Magalhães, 600 - Jabaquara
5562.5139

Pet Center Marginal

Avenida Presidente Castelo Branco, 1795 - Pari
2797.7400

Veterinário Rebouças

Av. Rebouças, 861 / 1111
3062.3011
www.vetreboucas.com.br

Teleatlantic Comércio e Monitoria de Alarme Ltda

Empresa com mais de 20 anos de presença no Brasil, a Teleatlantic é uma das gigantes do mercado e oferece soluções completas para a proteção de sua residência e otimização de seu comércio.

Company with over 20 years of presence in Brazil, Teleatlantic is one of the giants in the market and offers full solutions for the protection of your residence and the optimization of your business.

Avenida Brigadeiro Faria Lima, 1485
3811.1000 | www.teleatlantic.com.br

AuAu

Cobasi

Cobasi, pioneira no conceito de shopping para animais, é a melhor organização dedicada ao enriquecimento do vínculo entre pessoas e animais. 20 mil itens e um ambiente agradável. É uma opção de lazer para toda a família.

Cobasi, pioneer in the animal shopping concept, is the best organization devoted to strengthening the bond between people and animals. 20 thousand items and a pleasant setting. A leisure option for all the family.

Rua Manoel Velasco, 90 - Vila Leopoldina
3831.8303 | www.cobasi.com.br

Turismo 4 patas

Organiza vários passeios dentro da cidade de São Paulo como também em lugares radicais, onde você pode se aventurar junto com o seu pet.

Arranges several walks around town and also some radical tracks for you to go on an adventure along with your pet.

Avenida Cotovia, 141 - Indianópolis
98280.9562 | www.turismo4patas.com.br

Centro de Saúde Animal Jardins

Alameda Campinas, 1500
2501.7001
www.csajardins.com.br

Com muito trabalho e dedicação desde 1977, apresentamos um centro veterinário completo, oferecendo conforto e qualidade nos mais diversos serviços relacionados a animais de companhia, incluindo Hospital Veterinário e Pet Hotel 24 horas.

With a lot of work and dedication since 1977, we have been a full veterinarian center, offering comfort and quality in the most diverse services related to pets, including a vet hospital and 24-hour pet hotel.

Dogsland

Rua Prof. Hilário Veiga de Carvalho, 137 - Morumbi
3774.3794
www.dogsland.com.br

A Dogsland proporciona tudo o que o seu cachorro precisa: brincadeiras, piscina, exercícios com acompanhamento de um profissional, socialização com outros cães, alimentação saudável, comandos e erros corrigidos.

Dogsland provides everything your dog needs: fun, pool, exercising with a trained professional, socialization with other dogs, healthy feed, command training and good behaviour.

Encrenquinha's Pet Shop

Rua Estados Unidos, 2208
3085.0875
www.encrenquinhas.com.br

Canil com criação de 18 diferentes raças. Pet Shop com centro de estética, venda de filhotes, rações e acessórios. Clínica Veterinária, laboratório, Hotel Fazenda em Atibaia com serviço leva e traz e veículos climatizados.

Kennel with 18 different breeds of dog. Pet shop with pet beauty salon, sale of puppies, pet food and accessories. Vet clinic, lab, farm hotel in Atibaia with pick-up service and air-conditioned vehicles.

Ines Pet a Porter

Alameda Itu, 1487
3064.9889
www.ines.com.br

Um novo conceito em petshop. Unimos a tradicional qualidade, design e conforto dos produtos Ines com servicos exclusivos: banho e tosa, hidratação com vinhoterapia, perfumes com notas naturais importadas e pet grooming.

A new concept in pet shop. They bring together Ines products' traditional quality, design and comfort with exclusive services: bathing, grooming, hydration with winetherapy, perfumes with imported natural scents and pet salon.

La Pet Cuisine

Rua Eng. José Valter Seng, 151 - Vila Sônia
4328.6777
www.lapetcuisine.com.br

La Pet Cuisine prepara para cães e gatos pratos gourmet e dietas personalizadas. Naturais, saborosos e completos (Super Premium), criados por uma chef de cozinha e balanceados por médico veterinário nutricionista.

La Pet Cuisine cooks gourmet dishes for dogs and cats and customized diets. Natural, tasty and wholesome (Super Premium), created by a chef and medically balanced by a nutritional veterinarian.

Pet Memorial

Av. Brig. Luis Antônio, 1041 - 1º andar - Bela Vista
3243.1511
www.petmemorial.com.br

Pet Memorial foi criado para aqueles que acreditam que seu pet é um membro da família. Um espaço dedicado ao culto de animais e o primeiro crematório individual de animais domésticos da América Latina.

Pet Memorial was conceived for those who believe their pets to be part of the family. Devoted to the cult of animals and the first individual crematorium for domestic animals in Latin America.

Pet das Meninas

Rua Estados Unidos, 2179
3062.7003
www.petdasmeninas.com.br

Creche, hotel, venda de filhotes, doações, espaço spa zen, acessórios, banho e tosa, agência matrimonial e veterinário.

Daycare, hotel, sale of puppies, donations, zen spa space, accessories, bathing and grooming, pet marriage agency and veterinarian.

Sunset Resort

Estrada Municipal de Vargem do Salto, Km 10,5 - Ibiuna
3349.8263
www.sunsetresort.com.br

Um local dedicado totalmente ao bem-estar dos cães, com academia, creche, estética pet, banho, tosa, educação canina e adestramento. E você pode monitorar o seu bichinho 24 horas através da internet.

A place fully devoted to the well-being of dogs, with gym, daycare, pet salon, bathing, grooming, canine training and behaviour. And you will be able to monitor your dog on-line 24/7.

Taxi4Pet

Rua Morrinhos, 36 - Sacomã
2083.5764
www.taxi4pet.com.br

Oferecem um serviço seguro, eficiente, de qualidade e especializado no transporte de animais de estimação.

They offer a safe, efficient quality service, specialized in the transport of pets.

Amigo & Amigo Clínica Veterinária

Alameda Sarutaia, 106
3884.9409
www.amigopetshop.com.br

Consultas, cirurgias, exames, banho e tosa, delivery, sistema leva e traz.

Doctor's appointments, surgeries, examinations, bathing and grooming, delivery and pick-up services.

Amazon Zoo

Avenida Brig. Faria Lima, 4087
3045.1000
www.amazonzoo.com.br

Acessórios para cães e gatos, animais silvestres e exóticos, aquários, microchipagem de animais, hotel de aves.

Accessories for cats and dogs, wild and exotic animals, aquariums, pet microchipping, bird hotel.

Au Pet Store

Alameda Lorena, 1784
3044.7555
www.aupetstore.com.br

Criada com o intuito de atender com qualidade e credibilidade nos produtos e serviços.

Conceived aiming at offering services and products with quality and reliability.

Country Pet Shop

Rua José Maria Lisboa, 883
3884.9037
www.countrypetshop.com.br

A loja conta com estacionamento no local e funcionários especializados em banho e tosa.

Private parking and specialized service on bathing and grooming.

Filhotes e Fricotes

Shopping Iguatemi
3816.3388
www.fllhotes.com.br

Possui uma excelente localização, produtos diferenciados e exclusivos, veterinário, adestramento.

Besides that, it counts on an excellent location, exclusive and distinguished products, veterinarian and training.

Koala Hospital Animal

Avenida Brg. Luís Antônio, 4869
3057.2112
www.hospitalkoala.com.br

Clínica Geral, pet Shop, banho e tosa.

General practitioner, pet shop, bathing and grooming.

Pet Center Marginal

Av. Presisente C. Branco, 1795 - Pari
2797.7400
www.petcentermarginal.com.br

Oferece aos seus clientes variedade de serviços e produtos 24 horas.

Offers clients of diversified services and products 24 hours.

Vetmaster

Rua Bela Cintra, 1500
3082.3532
www.vetmasters.com.br

Atendimento especializado principalmente em duas áreas: medicina felina e oftalmologia veterinária.

Specialized service in two main areas: feline medicine and veterinarian ophthalmology.

Dog Fashion

Rua Augusta, 2212
3063.3961

Eskina Cão

Al. Joaquim Eugênio de Lima, 1363
3884.8720

Fany & Kito

Alameda Campinas, 1048
3884.5758

Fiel & Felino Pet Shop

Rua Padre João Manuel, 1062
2893.3273

210 Diner

Rua Pará, 210 - Higienopolis
3661.1219
www.210diner.com.br

Os pets são permitidos na área externa.

Pets are allowed in the outdoor area.

Paris 6

Rua Haddock Lobo, 1240
3085.1595
www.paris6.com.br

Aberto 24 horas para os seus inseparáveis animaizinhos.

24-hour service for your inseparable pets.

Blú Bistrô

Rua Monte Alegre, 591 - Perdizes
3871.9296
www.blubistro.com.br

Você pode ficar com seu pet em alguma das mesas da área externa.

You can have your pet with you at the outdoor tables.

Pirajá

Av. Brg. Faria Lima, 64 - Pinheiros
3815.6881
www.piraja.com.br

Agora seu cachorro pode até te acompanhar no happy hour.

Now your pet can come along for the happy-hour.

Mercearia do Francês

Rua Itacolomi, 636
3214.1295
www.merceariadofrances.com.br

Os pets só são permitidos aos sábados e domingos.

Pets are allowed solely on Saturdays and Sundays.

Villa Bahia

Rua Bahia, 798 - Higienopolis
3666.9716
www.villabahia.com.br

Padaria com área externa que permite animais.

Bakery with outdoor area that allows pets.

Mercearia São Pedro

Rua Rodésia, 34 - Vila Madalena
3815.7200

Os animais são aceitos nas mesas da calçada.

Animals can stay at the sidewalk tables.

Villa Tavola

Rua 13 de Maio, 860 - Bela Vista
2842.9620
www.villatavola.com.br

Canil na parte externa do restaurante onde você pode deixar seu amigo.

Counts on an outdoor kennel where you can leave your buddy.

Crianças

Catavento

Museu interativo que abriga espaços relacionados ao universo, à sociedade, à física e à biologia. Voltado ao público jovem, fundado pelas secretarias de cultura e educação da cidade.

Interactive museum with exhibits about the universe, society, physics and biology. Geared towards the young public, founded by the city's Secretary of Culture and Education.

Praça Cívica Ulisses Guimarães, s/n
3315.0051 | www.cataventocultural.org.br

Museu do Futebol

Mais do que sobre esporte, o Museu do Futebol é um museu sobre a história do povo brasileiro. Cercado pelos mistérios da euforia que todos temos pela bola, pelo drible, pelo chute e pelo gol.

Not just about sports, the Museu do Futebol is a museum about the history of the Brazilian people. Surrounded by the mysteries of the euphoria that all of us have for the football, the dribbling, the kicking and the scoring of a goal.

Praça Cherles Miller, s/n - Pacaembu
3664.4650 | www.museudofutebol.org.br

A Fazendinha Estação Natureza

Avenida Washington Luiz, 4221 - Brooklin
5034.2728
www.estacaonatureza.com.br

O objetivo principal da Fazendinha Estação Natureza é proporcionar à criança urbana um contato com a vida rural, resgatando, de maneira lúdica, a infância perdida de quem vive nos grandes centros.

The main purpose of the Fazendinha Estação Natureza is providing city kids contact with the country life, revisiting, in a playful way, the lost childhood of the big city dwellers.

A Fundação Parque Zoológico de São Paulo

Avenida Miguel Estéfano, 4241 - Agua Funda
5073.0811
www.zoologico.com.br

Desde 1958 o Zoológico de São Paulo proporciona entretenimento, desenvolve pesquisas e trabalha para a conservação das espécies mantidas em cativeiro e a diversão da criançada.

Since 1958, the Sao Paulo Zoo provides entertainment, develops researches and works towards the conservation of the specimens in captivity and amusement for kids.

Autorama Monza

Avenida Das Carinas, 73 - Moema
5535.2538
www.monzaautorama.com.br

A Autorama Monza faz parte da história do autorama e da história de muitas pessoas que cresceram junto com as pistas. Para apaixonados por carros e por autorama.

Autorama Monza is part of the history of slot cars and the history of many people who grew up at the tracks. For those who love cars and slot cars.

Aquário São Paulo

Rua Huet Bacelar, 407 - Ipiranga
2273.5500
www.aquariodesaopaulo.com.br

O Aquário de São Paulo é o maior da América Latina, sendo referência em tratamento e exposição de animais. Único aquário temático do Brasil, com cerca de 300 espécies de animais.

The Sao Paulo Aquarium is the largest in Latin America and reference in the treatment and exposition of animals. It encompasses 9,000 m² and is the only theme aquarium in Brazil, with over 3,000 specimens of 300 animal species.

Bem me quer

Rua Quata, 140 - Vila Olimpia
3044.1108
www.bmqsports.com.br

Uma academia especial para crianças.

A gym especially conceived for kids.

Disco Baby

Rua Ferreira de Araujo, 589 - Pinheiros
3097.9396
www.festadiscobaby.com.br

A Disco Baby nasceu como alternativa de programa divertido e saudável para pais (e também tios, avós, padrinhos etc.) e seus pequenos curtirem juntos. A festa é indicada para crianças de 5 meses a 10 anos.

Introducing kids to the world of music and fun, the Offset space, located in Pinheiros, launched the Disco Baby project.

Casa Imaginaria

Rua Piraí, 327 - Alto da Lapa
98103.3649
www.acasaimaginaria.blogspot.com.br

Um lugar onde fazer arte não é problema.

A place where being artful is no artifice.

Music Center Núcleo de Ensino Musical

Rua José Maria Lisboa, 921
3889.9084
www.music-center.art.br

Cursos de todos os instrumentos musicais e canto, da iniciação ao aperfeiçoamento, gêneros clássico e popular. Musicalização infantil para crianças a partir de 8 meses de idade.

Courses of all musical instruments and singing, from initiation to improvement, classical and popular genres. Infantile musicalization course for 8-month old babies and older.

Tempo & Espaço

Rua Aspicuelta, 109 - Vila Madalena
3032.6809
www.tempespaco.com.br

Para aqueles que gostam de inventar suas próprias engenhocas, o Tempo & Espaço é o local ideal: o ateliê de tecnologia permite que a crianças de 5 a 13 anos possam criar seus brinquedos originais.

For those who like to invent their own gadgets, Tempo & espaço is the ideal place: the technology atelier enables kids from 5 to 13 y.o. to come up with their own original toys.

Hospital das Bonecas, Brinquedos e Games

Rua Pedroso Alvarenga, 852 - Itaim
3167.5131
www.hospitaldasbonecas.com.br

Desde 1947, acrescentando técnicas e se adaptando aos novos brinquedos.

Since 1947, adding techniques and adapting to new toys.

Piks

Shopping Iguatemi
3816.3957
www.piks.com.br

Os pais têm conforto e assessoria para comprar produtos que seguem as mais novas tendências da moda infantil.

Comfort and consulting for parents willing to buy products is also a space where children can stay to play.

Sítio do Carroção

Rodovia SP 129, Km 43,2
(15) 3305.2000
www.carrocao.com.br

Côlonia de férias.

Summer Camp.

Ponto Omega

R. Dona Elisa P. de Barros, 626 Pinheiros
3813.9120

O melhor ponto na educação dos filhos com idéia original, que ainda permanece e se reforça de criar uma extensão do ambiente familiar, onde a criança se sente amada.

The best point in childcare with the original idea, which still remains and is reinforced to create an extension of the family environment where the child feels loved.

Spasso Splash

Rua Canário, 1270 – Moema
5095.0991
www.splashblue.com.br

Diversão, tecnologia, segurança e boa gastronomia para buffet infantil em um só espaço.

Fun, safety, technology and good cuisine in one space.

SP Diversões

Rua Santa Rosa Junior, 189 - Butanta
3723.7070
www.spdiversoes.com.br

Festas de aniversário, confratenizarção e corporativas.

Birthday parties, and corporate fellowship.

Step Baby Lounge

Rua Dr Melo Alves, 571
3081.6532
www.stepsbabylounge.com.br

Um conceito inédito de aprendizagem para crianças de 0 a 5 anos.

A new concept of learning for children from 0 to 5.

Biblioteca Monteiro Lobato

Rua Gen. Jardim, 485 - Vila Buarque
3152.6285
www.prefeitura.sp.gov.br

Centro de Memória do Circo

Av. São João, 473 - Galeria Olido
3021.6285
www.prefeitura.sp.gov.br

Chácara Santa Cecília

Rua Ferreira de Araújo, 601 - Pinheiros
3034.6227
www.chacarasantacecilia.com.br

Competition

Rua Oscar Freire, 2066
3060.5555
www.competition.com.br

Escola Wilma Kovesi de Cozinha

Rua Cristiano Viana, 224 - Butanta
3063.1592
www.wkcozinha.com.br

Estação Ciência - USP

Rua Guaicurus, 1394 - Lapa
3871.6750
www.eciencia.usp.br

Hopi Hari

Rod. dos Bandeirantes, km 72,5 - Fazenda Tamburi
4007.1134
www.hopihari.com.br

Instituto Butantan

Av. Vital Brasil, 1500 - Butanta
2627.9300
www.butantan.gov.br/home

Museu da Mágica

Rua Silva Bueno - Ipiranga
6168.7000
www.museudamagica.net63.net

Museu Oceanografico

Praça do Oceanográfico, 191 - Cidade Universitária
3091.6587.
www.museu.furg.br

My Gym

Rua Periquito, 108 - Moema
5096.1749
www.mygymbrasil.com.br/moema

Parque da Xuxa

Av. das Nações Unidas, 22540 - Jurubatuba
5541.2530
www.omundodaxuxa.com.br

Parque - Povo Mário Pimenta Camargo

Av. Henrique Chamma, 420 - Itaim
3073.1217
www.prefeitura.sp.gov.br

Parque Villa-Lobos

Av. Professor Fonseca Rodrigues, 2001 - Alto Dos Pinheiros
3021.6285
www.ambiente.sp.gov.br

Praça São Lourenço

Rua Casa do Ator, 608 - Vila Olimpia
3044.1434
www.pracasaolourenco.com.br

Tip Top

Rua Oscar Freire, 691
3060.8223
www.tiptop.com.br

Líder de mercado, a marca TIP TOP virou sinônimo de "roupa de bebê" e vem consolidando cada vez mais a marca QUATÍ para a linha infantil. Além de roupas, apresenta acessórios, como: meias, bolsas, pelúcias e perfumes.

Market leader, the TIP TOP brand became synonymous with "baby clothing" and has been further consolidating the brand QUATÍ for the kid's collection. Besides clothing, they also offer accessories, such as: socks, bags, plush figures and perfumes.

Balangandã

Rua Oscar Freire, 240
3082.6830
www.balanganda.com

Coleções para crianças de 0 a 12 anos. A criatividade e o bom gosto foram peças chave para o sucesso da marca.

Collection for kids aged 0 to 12. The creativity and good taste were key for the brand's success.

Chicletaria

Rua Doutor Melo Alves, 417
3063.2264
www.chicletaria.com.br

Há uma geração vestindo crianças com moda despojada e divertida, a marca surgiu do desejo de uma criança de ter uma fábrica de chicletes. A grife apresenta diversas coleções coloridas que seus filhos vão adorar.

For a generation dressing kids in a detached and fun way, the brand was founded based on a kid's wish to have a bubble-gum factory. The brand offers several colorful collections your kids are gonna love.

Dhuif Mini

Rua Doutor Melo Alves, 400
3082.0400
www.dhuif.com.br

A Dhuif traz para sua loja: Moschino, Marie Chantal, Kenzo, Emile et Rose, Cavalli, Paul Frank, Fendi, Baby Dior, Paul Smith Junior, a primeira coleção Young da Versace, além de sua marca própria Dhuif.

Dhuif carries: Moschino, Marie Chantal, Kenzo, Emile et Rose, Cavalli, Paul Frank, Fendi, Baby Dior, Paul Smith Junior,the first collection Young by Versace, besides its own brand Dhuif.

Green

Rua Bela Cintra, 2165
3088.2986
www.greenbymissako.com.br

O grande diferencial de sucesso da Green foi a criação e estilização de roupas que valorizassem a liberdade das crianças. Roupas concebidas visando a criatividade e o conforto.

The secret of Green's great success is in the creation and styling of clothing which primes for the kid's freedom. Pieces conceived keeping comfort and creativity in mind.

Monnalisa

Rua Doutor Melo Alves, 438
3459.9420
www.monnalisa.eu

Líder mundial em roupas e acessórios infantis para meninas de 0 a 12 anos, a grife italiana Monnalisa é reconhecida pela sofisticação e qualidade singular, nos tecidos e nos detalhes handmade.

World leader in kid's clothing and accessories for girls aged 0 to 12, the Italian Brand Monnalisa is renowned for the sophistication and unique quality, in the fabrics and in the hand-made details.

Lego

Shopping Cidade Jardim
3758.2293
www.legobrasil.com.br

"O nome LEGO é uma abreviação de duas palavras dinamarquesas: "leg godt", que significa "brincar bem". Este é o nome da marca e o seu ideal.

The name LEGO is short for two Danish words: "leg godt", which means "play well". That is both the brands name and its ideal.

Moshi Kids

Rua Augusta, 2690
3063.5126
www.moshikids.com.br

Uma marca dedicada a vestir crianças pelas mais variadas referências, selecionando tudo o que seja bacana para os seus filhotinhos, sejam novas tendências ou clássicos estilo retrô, com o melhor de outras eras.

A brand devoted to dressing up kids using the most varied references, choosing everything that looks cool on your kids, be they new trends or retro classics, and the best of past ages.

Rose & Bleu

Shopping Iguatemi
3031.7910
www.rosebleu.com.br

Tradição, contemporaneidade e sofisticação. Focando crianças de 0 a 14 anos, a Rose & Bleu, empresa de Nathalie Rifka e Patricia Germanos, conquistou o mercado.

Tradition, contemporaneity and sophistication. Focusing on kids up to 14 y.o., Rose & Bleu, Nathalie Rifka's and Patricia Germanos' enterprise, has taken the market by storm.

Babycottons

Shopping Iguatemi
3031.5975
www.babycottons.com

Na Babycottons existe uma grande preocupação em fornecer aos clientes a mais alta qualidade de vestuário e acessórios.

At Babycottons, there is a great concern in supplying clients with the highest quality in clothing and accessories.

Baby's Market

Rua Dr. Alceu de Campos Rodrigues, 554 - Itaim
3045.4736. Babysmarket.com.br

Uma das poucas marcas que são especializadas em enxoval para bebês prematuros.

One of the few brand's especialized in trosseaus for premature babies.

Best Baby

Rua Doutor Melo Alves, 413
3083.6444

A Best Baby tem todo tipo de produtos para bebês.

Best Baby carries all kinds of products for the baby.

Bonpoint

Alameda Lorena, 1908
3063.3337
www.bonpoint.com

Marca francesa de moda infantil super fashion.

Super fashion French brand of kid's clothing.

Centopéia

Shopping Cidade Jardim
3758.1780
www.centopeia.com.br

Marca especializada em produtos infantis com personalidade forte e marcante.

Brand especialized in children's products with strong and marking personality.

Chicco

Avenida Brigadeiro Faria Lima, 1191 - Pinheiros
3031.5975. Chicco.com.br

Oferece produtos de ótima qualidade como carrinhos, cadeiras para carro e bebê conforto.

Offers high quality products, such as strollers, car seats and baby carriers.

Hi happy

Rua Augusta, 2533
3085.9479
www.rihappy.com.br

Fornece objetos de entretenimento, lazer e desenvolvimento infantil.

Supplies objects for the entertainment, leisure and children's development.

Mercatore

Shopping JK Iguatemi
3152.6285
www.mercatore.com.br

A essência da empresa está em vestir crianças como criança, resgatando um pouco da sofisticação e inocência do passado.

The brand's essence is dressing kids as kids, revisiting a bit of yesteryear's sophistication and innocence.

Minou Minou

Shopping Cidade Jardim
3758-0059
www.minouminou.com.br

Marca que agrada tanto às mães quanto às crianças mais descoladas de São Paulo.

Brand which pleases both the moms and the trendiest kids in Sao Paulo.

Natures Purest

Shopping JK Iguatemi
3152.6172
www.naturespurest.com.br

Marca inglesa com conceito único: enxovais para bebês com algodão orgânico 100% natural e puro.

British brand with a single concept: baby's trosseaus with 100% pure and natural organic cotton.

Paola da Vinci

Shopping Higienopolis
3826.3666
www.paoladavinci.com.br

Desde 1978 a marca se espalhou pela capital paulistana, com produtos de qualidade e cuidados na fabricação.

Since 1978, the brand spread out around town, with quality products and careful and crafty production.

Petit Bateau

Rua Bela Cintra, 2159
3081.2112
www.petit-bateau.com

Referência na moda infantil e conhecido pela elegância e conforto de suas peças.

Reference in children's fashion, renowned for the elegance and comfort of their pieces.

Petit Trousseau

Shopping Iguatemi
3812.1064
www.loja.trousseau.com.br

Traz enxovais infantis, além de roupinhas, acessórios, bichinhos de pelúcia e até móveis para decorar o quarto do bebê.

Offers kid's trosseaus, clothing, accessories, plush figures and even furniture for the baby's bedroom.

Puc

Rua Augusta, 2599
3085.2018
www.puc.com.br

Com uma sintonia perfeita entre moda e conforto desde 1979.

Perfect wavelengh between fashion and comfort since 1979.

Trenzinho

Rua Fradique Coutinho, 184 - Pinheiros
3088.0936
www.trenzinho.com.br

Há 50 anos criando brinquedos educativos com materiais simples que favorecem um brincar espontâneo e rico, adotando sempre o lema "brincar é coisa séria".

50 years creating educational toys with simple materials which encourage spontaneous play and rich, always adopting the motto "play is serious".

Tyrol

Avenida Brigadeiro Faria Lima, 2232 - Pinheiros
3032.3935. Tyrol.com.br

Moda infantil de qualidade, conforto e além de tudo, brasileira.

Quality children's fashion, comfort, and on top of it all, it's a Brazilian original.

Lofficiel Petit

Rua Oscar Freire, 686
3891.1781
www.lofflciel.com.br

Um salão especializado em cortes infantis, onde a criança se sente à vontade enquanto os profissionais cortam seu cabelo.

A salon especialized in children's haircuts, where kids feel at ease while professionals take care of their hair.

Attitude Cabeleireiro

Alameda Itu, 1219
3082.8158
www.attitudeonline.com.br

Ringo

Avenida Brigadeiro Faria Lima, 2232 - Pinheiros
3097.8507

Aspas

Eu amo São Paulo porque...

“...nasci aqui, tive as minhas maiores alegrias, meus três filhos. Eu amo São Paulo por tudo de bom que me ofereceu e continua me oferecendo.”

Adriana Trussardi

“...sou paulistana e minha família também. Tenho orgulho do povo trabalhador de São Paulo, eu amo profundamente a minha cidade.”

Alice Ferraz Moda

“...tem de tudo e de todos.”

Amir Slama

“...tem tudo que eu gosto: excelentes museus, galerias de arte, restaurantes, cinemas, lojas, novidades e minhas melhores amizades! Não troco por nada!”

Angela Akagawa

“..minha história est aqui, impossível não amá-la, tem muita diversidade cultural. Tudo para todos os gostos e todos os bolsos.”

Adriane Galisteu

“...São Paulo não é uma cidade, é uma inspiração.”

Álvaro Garnero

“...ela é singular, em todo o seu pluralismo!”

Ana Maria Carvalho Pinto

“...aqui estão meus amigos, minha família, meus clientes e colaboradores.”

Arthur Casas

“...fiz muitos amigos, e porque é a minha cara.”

Beto Pacheco

“...estou em casa, meus amigos e minha família moram aqui.”

Carol Civita

“...admiro a rapidez com que as coisas acontecem aqui. Em São Paulo tudo funciona.”

Claudia Leitte

"...tem tudo o que reciso e muito além disso! ão Paulo supera todas as ninhas expectativas!"

Caroline Celico

"...mudou minha vida e me ensinou a ser cidadã do mundo."

Chris Bicalho

"...nasci aqui e não viveria em utra cidade, ela é urbana, é elétrica e ontemporânea. Tem altas tendências le moda e os melhores restaurantes."

Cristiana Arcangeli

"...me recebeu de braços abertos e eu retribuí esse abraço."

Fabio Queiroz

"...me encontro nesta agunça metropolitana. Ter tudo a oda hora! Tudo 24 horas! Sou muito rbano e São Paulo pra mim é a Nova York da América Latina, e o airro Jardins é a nossa Manhattan."

Fernando Tchalian

"...porque é a cidade que melhor conheço. Estou em casa."

Gloria Kalil

"...é o lugar onde minha família stá e me sinto em casa. Sei que posso ncontrar tudo o que eu quero. Pretendo orar o resto da minha vida aqui."

Helena Bordon

"...a cidade é uma caixa de surpresas, onde você pode esperar de tudo. São Paulo é apaixonante, você consegue encontrar tudo o que há de melhor e de mais novo sempre, há oportunidades de todos os tipos."

Helena Sicupira

"...me sinto em casa aqui, mesmo sendo mineira com muito orgulho."
Iara Jereissati

"...é uma metrópole internacional, vibrante, que dá oportunidade a qualquer pessoa, aqui sinto minhas raízes."
Izabel Esteves

"...gosto das diferenças culturais, da bagunça organizada e da quantidade de possibilidades para se fazer tudo a todo momento. Eu amo São Paulo porque ela me deu as coisas mais importantes da minha vida."
Jeniffer Bresser

"...gosto da diversidade e da qualidade dos serviços, dos programas culturais e do fato de receber imigrantes de todo o Brasil. Eu amo São Paulo porque me instiga, me desafia e me acolhe tão bem."
Joyce Pascowitch

"...gosto da diversidade e de ter o que fazer 24 horas por dia. Eu amo São Paulo porque é cosmopolita e me faz sentir como em qualquer grande cidade do mundo."
Lalai Luna

"...sempre tem algum coisa acontecendo!"
Lala Rudge

"...tem muito do que eu gosto e um pouco do não gosto."
Lilian Pacce

"...a cidade me ama, me recebeu e aos meus filhos de braços abertos! Tem como deixar de gostar de São Paulo ? Me explica!"
Luciana Gimenez

"...é a minha cara."
Maria Celeste Chad

"...não me sinto tão em casa em nenhuma outra cidade do mundo."
Maria Prata

"...você tem tudo na cidade, São Paulo é tão diverso. Gosto dos prédios do centro, dos parques, da variedade de restaurantes e das pessoas que moram aqui."
Mariana Auriemo

...é uma cidade de oportunidades e sobreviver aqui não é para qualquer um!

Mariana Kupfer

...tenho o coração paulista.

Matheus Mazzafera

...é uma cidade intensa, pulsante e ímpar, que oferece mil possibilidades, a escolha é sua. Você pode usufruir de tudo, é só se permitir.

Maythe Birman

...gosto da diversidade cultural que a cidade ferece. Gosto de "gente", gosto das pessoas, existe uma ão Paulo diferente para cada tipo de pessoa. Eu amo ão Paulo porque é uma cidade que agrega.

Priscila Borgonovi

...é versátil, tudo acontece ao mesmo tempo e agora.

Ricardo Bruno

...por ser uma cidade muito viva e dinâmica, todos os dias há vários tipos de programas disponíveis para todos os gostos e idades.

Ricardo Leite (Kaká)

...é única, é poesia, me roporciona uma liberdade que sinto xclusivamente aqui. É uma união de ostumes de todos os lugares do Brasil do mundo. Me sinto conectada.

Sabrina Sato

...é a cidade que me acolheu e me desafiou a provar para mim mesma, sozinha, que sou mais forte e capaz do que poderia imaginar.

Susana Barbosa

...aqui tem de tudo, é o lugar nais cosmopolita do Brasil, com acesso à ultura, gastronomia e entretenimento.

Victor Collor

Roteiros

Roteiro 1 Dia

Um doce início de roteiro na Cristallo, da Oscar Freire. Café da manhã regado a chocolate quente, com direito a misto no crossaint e, depois, canudinho de creme.

Caminhada pelo Quadrilátero de Charme: Oscar Freire, Alameda Lorena e transversais. Aceite alegremente a tentação das compras a céu aberto. Imperdíveis: a Galeria Melissa, com seus layouts sempre diferenciados, a loja-conceito da Havaianas e a Galeria Romero Britto.

Almoço no Rodeio. Sugiro os hits da casa: beef tea de entrada e picanha fatiada, acompanhada de arroz Biro-Biro, palmito com molho de alcaparras e farofa de ovo.

Dedique a tarde ao Masp, na Avenida Paulista. Afinal, não é qualquer museu do mundo que tem Picasso, Van Gogh, Renoir, Goya, Velasquez, Modigliani, Monet e Cézanne em seu acervo.

Pausa no Café Nespresso, na rua Oscar Freire com uma passadinha na Chocolat Du Jour, em seu novo endereço na Haddock Lobo, porque ninguém é de ferro.

Jantar no Gero e drink de fim de noite no Alucci Alucci, um misto de bar e restaurante intimista com pouca luz e boa música.

Roteiro 2 Dia

Uma incursão downtown deve começar pelo café da manhã no Mercado Municipal, em atmosfera de frutas exóticas e ervas perfumadas.

Estique até a Pinacoteca, onde há sempre uma mostra convidativa, mais a visita à arquitetura do prédio já basta.

Almoço no Almanara da Rua Basílio da Gama, o primeiro de tantos outros.

Dedique a tarde a uma vertiginosa viagem pela arte contemporânea, com escala na UrbanArts, na Mendes Wood e na Zipper.

Parada Obrigatória: Pão de Queijo Haddock Lobo. Delícia!

Experimente, no jantar do Kosushi, no Itaim, o que São Paulo - a cidade mais japonesa fora do Japão - tem de mais cosmopolita.

Roteiro 3 Dia

A Galeria dos Pães convida a um apetitoso café da manhã antes de uma imersão pelas galerias da Avenida Europa, com parada obrigatória no MUBE (Museu Brasileiro de Escultura), no MIS (Museu da Imagem e do Som) e na Fundação Ema Klabin, na Rua Portugal.

Para almoçar, escolha um dos restaurantes daquela alameda gastronômica que é a Rua Amauri. Minha sugestão: o Dressing.

O Shopping Iguatemi é programa para uma tarde inteira.

E uma jornada luxuosa como esta merece ser coroada por um jantar altamente gourmet no Fasano.

Roteiro 4 Dia

Experimente o café da manhã do hotel em que você estiver hospedado – ou siga uma das nossas indicações prévias

O Parque do Ibirapuera merece uma caminhada matinal, com escalas no MAM (Museu de Arte Moderna), no MAC (Museu de Arte Contemporânea), na OCA e no Auditório Ibirapuera, projetado por Oscar Niemeyer.

O almoço sugere mais um toque cosmopolita no Miski, o requintado restaurante árabe da Al. Joaquim Eugenio de Lima.

O Shopping Cidade Jardim é também para ser desfrutado uma tarde inteira, com pausa relaxante no Spa Cidade Jardim, que ocupa todo o quinto andar do prédio.

A noite sugere jantar diante do deslumbrante skyline dos Jardins, no Skye, o restaurante-bar do Hotel Unique.

Roteiro 5 Dia

Para seu breakfast, a padaria Pão, da Bela Cintra, traz em sua proposta o A, de artesanal, e o O, de orgânico.

Desviando-se ligeiramente do circuito Jardins, convém visitar dois redutos da arte contemporânea, a Fortes Vilaça, em Pinheiros, e na Galeria Vermelho, na região da Paulista. O Museu do Futebol, no Pacaembu, ali pertinho, oferece ao visitante um retrato vivo da nossa paixão nacional.

Não dá para encerrar uma visita a São Paulo sem provar o sabor de Brasil, no Dalva e Dito do Alex Atala ou no Brasil a Gosto da Ana Luiza Trajano. Nas vizinhanças, também se pode optar pelo Charlô ou pelo DOM, que está entre os melhores do mundo.

Dedique a tarde a uma visita a outro templo do requinte da metrópole: o Shopping JK, com seu repertório de grifes de luxo.

Jantar na Brasserie des Arts, que lembra, não só no nome mas também nas surpresas gastronômicas, aquela Brasserie des Arts de St.-Tropez.

Um late drink, servido pelo bartender Derivan, no Bar Número, da Consolação, serve de delicioso até breve para esta São Paulo que lhe será, com toda certeza, inesquecível.

Legenda:

 : Locais distantes tendo como referência os Jardins.

Endereços dos Shoppings:

Shopping Center Norte
Travessa Casalbuono, 120, Vila Guilherme
2224.5900

Shopping Cidade Jardim
Av. Magalhães de Castro, 12100, Cidade Jardim
3552.1000

Shopping Iguatemi
Avenida Brigadeiro Faria Lima, 2232, Jardim Paulistano
3816.6116

Shopping Ibirapuera
Avenida Ibirapuera, 3103, Moema
5095.2300

Shopping JK Iguatemi
Avenida Presidente Juscelino Kubitschek, 2041, Vila Olímpia
3152.6800

Shopping Market Place
Avenida Dr. Chucri Zaidan, 902 - Vila Cordeiro
3048.7000

Shopping Morumbi
Avenida Roque Petroni Júnior, Itaim
4003.4132

Shopping Pátio Higienópolis
Avenida Higienópolis, 618, Higienópolis
3823.2300

Shopping Pátio Paulista
Rua Treze de Maio, 1947, Bela Vista
3191.1101

Shopping Vila Olímpia
Rua Olimpíadas, 360, Vila Olímpia
4003.4173

Shopping Villa Lobos
Avenida das Nações Unidas, 4777, Alto de Pinheiros
3024.3738

Todos os telefones tem como referência o DDD: 11

Alguns estabelecimentos possuem mais endereços, para mais informações consulte o site.

Índice Alfabético

Índice Alfabético

Índice Alfabético

Índice Alfabético

Concepção e Criação
Rosangela Lyra

Edição e Revisão
Rafaela Rodrigues

Colaboração
Patricia Caleiro
Pamela Arcaro

Ilustrações
Graziella Mattar

Fotos
José Antonio de Castro
Caetano e divulgação

L998s

Lyra, Rosangela Nistal.
SP Jardins e afins: melhores locais e os jardins secretos / Rosangela Nistal Lyra; ilustrações de Graziella Mattar - São Paulo: Lugares e Idéias, 2013.

ISBN: 978-85-66144-00-0

p. 328: il.; 13,5x20cm.

1. Guia Turístico - Cidade de São Paulo - Brasil 2. Turismo e Lazer -Hotéis, Restaurantes, Bares, Cafés, Compras e Serviços I. Mattar, Graziella. II.Título.

CDD: 918.161
CDU: 036:338.48

Ficha Catalográfica
Elaborada por Cíntia Cássia Soares - CRB 8R/ 8848